Mário Cesariny

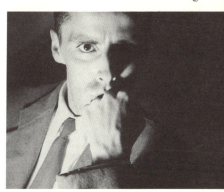

© Bazar do Tempo, 2024
© Assírio & Alvim, 2024

Todos os direitos reservados e protegidos pela Lei n. 9.610, de 12.2.1998.

É proibida a reprodução total ou parcial sem a expressa anuência da editora.

Nesta edição, os textos da organizadora respeitam o Acordo Ortográfico da Língua Portuguesa de 1990, em vigor no Brasil desde 2009. Os poemas de Mário Cesariny estão apresentados em sua grafia original.

EDIÇÃO
Ana Cecilia Impellizieri Martins

COORDENAÇÃO EDITORIAL
Cristiane de Andrade Reis

COPIDESQUE
Catarina Lins

REVISÃO
Julya Tavares

PROJETO GRÁFICO
Dupla Design

PINTURA DA CAPA
Gabriela Machado
Peguei um axé, 2018
Óleo sobre linho, 62 x 79 cm
[Foto: Gabi Carrera]

FOTO MÁRIO CESARINY
Fernando Lemos / IMS

FOTO DA PÁGINA 272
Largo de São Domingo, Lisboa, s/d
© Col. Estúdio Horácio Novais I
Fundação Calouste Gulbenkian -
Biblioteca de Arte e Arquivos

IMPRESSÃO
Rotaplan

CIP-BRASIL. CATALOGAÇÃO NA PUBLICAÇÃO
SINDICATO NACIONAL DOS EDITORES DE LIVROS, RJ

C416n

Cesariny, Mário, 1923-2006
O navio de espelhos : antologia poética / Mário Cesariny ; organização Maria Silva Prado Lessa. - 1. ed. - Rio de Janeiro : Bazar do Tempo, 2024.
272 p.

ISBN 978-65-84515-70-3

1. Poesia portuguesa. I. Lessa, Maria Silva Prado. II. Título.

CDD: P869.1

23-86193   CDU: 82-1(469)

Meri Gleice Rodrigues de Souza - Bibliotecária - CRB-7/6439

Rua General Dionísio, 53 – Humaitá
22271-050 – Rio de Janeiro – RJ
contato@bazardotempo.com.br
www.bazardotempo.com.br

DIREÇÃO-GERAL DO LIVRO,
DOS ARQUIVOS E DAS BIBLIOTECAS

Edição apoiada pela Direção-Geral do Livro, dos Arquivos e das Bibliotecas / Portugal

O navio de espelhos

ANTOLOGIA POÉTICA
Mário Cesariny

organização, apresentação e ensaio
MARIA SILVA PRADO LESSA

coordenação da Coleção Atlântica
SOFIA DE SOUSA SILVA

Professora de Literatura Portuguesa da Faculdade de Letras da Universidade Federal do Rio de Janeiro (UFRJ) e colaboradora do Instituto de Literatura Comparada Margarida Losa da Universidade do Porto. Dedicou seu doutorado e pós-doutorado ao estudo da poesia de Sophia de Mello Breyner Andresen e Adília Lopes.

COLEÇÃO ≈ **ATLÂNTICA**

Dedicada a reunir expoentes de diferentes gerações e vertentes, a Coleção Atlântica busca apresentar no Brasil um panorama do melhor da poesia portuguesa. As edições são organizadas por especialistas e acompanhadas de ensaios e notas explicativas que promovem uma abertura para a obra desses poetas assim como um aprofundamento de leituras.

MARIA SILVA PRADO LESSA

Professora de Literatura Portuguesa da FFLCH/USP e doutora em Literatura Portuguesa pela UFRJ. Sua pesquisa é voltada para o Surrealismo e para a poesia moderna e contemporânea, com destaque para a obra multidimensional de Mário Cesariny. É autora de *Mário Cesariny: a obra ou a vida* (Documenta e Fundação Cupertino de Miranda, 2022).

Mário Cesariny

Nascido em 1923, em Lisboa, é o grande nome do Surrealismo em Portugal. Desenvolveu uma obra múltipla na qual se cruzam práticas diversas, tais como pintura, colagem, poesia escrita, ensaio, teatro e crítica de arte. Sua produção, que recusa dogmas de movimento, é um grito pela liberdade, pelo amor, pela imaginação – pela Poesia. Faleceu em 2006, em sua cidade natal.

Sumário

12 **Apresentação** O encontrado-perdido
MARIA SILVA PRADO LESSA

≈

manual de prestidigitação

25 burlescas teóricas e sentimentais

26 no cais
28 história de cão

30 visualizações

31 [suave]
32 [à claridade sóbria]
33 a um soldado que chorava de tanta coisa tinha para levar aos ombros e arrastar com as mãos
35 em forma de poema

36 discurso sobre a reabilitação do real quotidiano

37 II [um grande utensílio de amor]
38 VII [como a vida sem caderneta]
39 IX [no país no país no país onde os homens]
41 X [falta por aqui uma grande razão]
43 XIII [e é preciso correr é preciso ligar é preciso sorrir é preciso suor]
45 XVII [eu em 1951 apanhando (discretamente) uma beata (valiosa)]
47 poema podendo servir de posfácio

50 alguns mitos maiores alguns mitos menores propostos à circulação pelo autor

- 51 o marinheiro
- 52 a cabeça de arcaifaz (sismo)

53 manual de prestidigitação

- 54 arte de inventar os personagens
- 55 arte de ser natural com eles
- 56 exercício espiritual
- 57 cena de libertação nos jardins do palácio de epaminondas, imperador
- 58 ars magna
- 59 julião os amadores
- 60 camarim
- 62 discurso ao príncipe de epaminondas, mancebo de grande futuro
- 63 coro dos maus oficiais de serviço na corte de epaminondas, imperador
- 65 tal como catedrais

pena capital

68 pena capital

- 69 notícia
- 71 homenagem a cesário verde
- 72 de profundis amamus
- 74 estação
- 75 poema [Tu estás em mim como eu estive no berço]
- 76 a um rato morto encontrado num parque
- 78 barricada

- 79 poema [Em todas as ruas te encontro]
- 80 you are welcome to elsinore
- 82 autografia I
- 85 autografia II
- 88 poema [Faz-se luz pelo processo]
- 89 a antónio maria lisboa
- 91 a antonin artaud
- 94 concreção de saturno
- 97 intensamente livre
- 99 corpo visível
- 107 um canto telegráfico
- 113 pena capital
- 126 autoractor

133 estado segundo

- 134 X [Uma fonte]
- 135 XVII [O fogo, rapidamente ateado pelos barqueiros,]
- 136 XXI [Ama como a estrada começa]

137 planisfério

- 138 passagem do anti-mundo dante alighieri
- 141 passagem
- 143 voz numa pedra

145 poemas de londres

- 146 outra coisa
- 147 olho o côncavo azul
- 149 being beauteous
- 151 ode a outros e a maria helena vieira da silva
- 137 o inquérito
- 176 atelier

178 cortina

    179 proclamação da serpente
    180 poema em duas línguas gémeas para joan miró

nobilíssima visão
182 nobilíssima visão

    183 o poeta chorava...
    185 pastelaria

186 louvor e simplificação de álvaro de campos (fragmento)

    187 louvor e simplificação de álvaro de campos

a cidade queimada
198 a cidade queimada

    199 [Nunca estive tão só diz o meu corpo
           e eu rio-me]
    201 [O navio de espelhos]

primavera autónoma das estradas
204 les hommages excessives

    205 à andré breton
    206 à moi-même [il se promène sous écorce d'arbre]

207 adozites

    208 adozites

210 alguns anos depois
    211 breyten breytenbach

O Virgem Negra
217 II
    218 Ela Canta...
    219 [Dizem que sou um chão]

≈

    221 **Notas aos poemas de Mário Cesariny**
    225 **Ensaio** "As homenagens excessivas"
    MARIA SILVA PRADO LESSA

O encontrado-perdido

MARIA SILVA PRADO LESSA

Mário Cesariny de Vasconcelos nasceu em Lisboa, em 1923, e lá mesmo faleceu, em 2006. Figura de proa na organização do Surrealismo português, é percebido, hoje, como o mais expressivo nome ligado ao movimento, em cuja obra se destaca a heterogeneidade de campos de atuação. Sua intensa produção escrita, atravessando a poesia, o teatro, o ensaio e a tradução, teve início na década de 1940 e fez-se, sempre, em simultâneo à atuação no campo das artes plásticas. É possível datar a estreia pública de Cesariny da I Exposição dos Surrealistas, em 1949, em Lisboa, evento que precedeu em poucos meses a primeira edição em livro de sua poesia, com a publicação de *Corpo visível*, em 1950. O lançamento de seus livros fez-se acompanhar, assim, da participação em exposições coletivas e individuais. Foi sua obra plástica, aliás, que proporcionou a primeira aparição "oficial" de Cesariny no Brasil, a convite de Sergio Lima, durante a I Exposição Surrealista — XIII Exposição Internacional do Surrealismo em São Paulo, em 1967.

Alguns anos antes da estreia artística, Cesariny havia iniciado sua trajetória como colaborador no jornal *A Tarde* e nas revistas *Seara Nova* e *Aqui e Além*, com o que descreve como "artigos bastante maus"[1] de crítica de arte,

---

[1] Mário Cesariny, "Notícia biográfica", in *Mário Cesariny*, textos de Raúl Leal, Natália Correia e Lima de Freitas, Lisboa, Direcção-Geral da Acção Cultural, Secretaria de Estado da Cultura, 1977, p. 45.

cujos assuntos vão desde o Futurismo e o Cubismo na pintura até concertos de sonatas em Lisboa. O interesse que então demonstrava pelo pensamento crítico voltado para um campo expandido das artes se refletirá, ao longo de sua trajetória, não apenas numa obra em que se cruzam práticas múltiplas, como também no interesse demonstrado na organização de exposições em diálogo com o Surrealismo dentro e fora de Portugal, na dedicação com que se lançou à publicação de antologias poéticas coletivas e individuais, bem como na edição de muitos dos textos de intervenção do Surrealismo mundial.

O pendor crítico e ensaístico ressoa na organização de livros como *Antologia surrealista do cadáver esquisito* (1961), em que reúne os jogos coletivos produzidos desde 1947 com os companheiros de movimento, e nas antologias coletivas *Surreal/Abjeccion-ismo* (1963), *A intervenção surrealista* (1966) e *Textos de afirmação e de combate do Movimento Surrealista mundial* (1977). Neles, o organizador demonstra a vontade tanto de divulgar os trabalhos de outros artistas quanto de manter acesa a ideia de que o Surrealismo pulsa e está na vida, e não guardado "nas galerias de arte e nas estantes das bibliotecas boas".[2] Um livro como *As mãos na água a cabeça no mar* (1972), em que reúne uma seleção de escritos dispersos (majoritariamente de sua autoria) publicados ao longo de mais de

---

[2] Mário Cesariny, "Prefácio", in *A intervenção surrealista*, Lisboa, Assírio & Alvim, 1997, p. 12.

vinte anos — entre os quais ensaios, cartas e traduções, como a de um poema de Kandinsky —, dá notícia da concepção de uma obra que promove o diálogo travado com outros artistas a uma das mais fundamentais condições de sua existência.

Desde o princípio, a obra múltipla que desenvolveu foi marcada pelo hibridismo de técnicas e de linguagens utilizadas nos objetos. A partir de meados dos anos de 1980, dedicou-se mais detidamente à atividade plástica, abandonando progressivamente a escrita de poesia e a edição de livros de poemas, ampliando, porém, a produção poética a partir de outros materiais, como é o caso dos poemas-colagem, dos pictopoemas e das novelas em imagem publicados em volumes como *Uma combinação perfeita* (1995) e *Tem dor e tem puta* (2000). Ainda em 1982, declarara: "No fundo, escreve-se sempre o mesmo verso. Escrever poesia é uma espécie de invocação. Mas não se pode estar toda a vida a invocar o mesmo santo — sobretudo se ele não aparece. Assim sendo, não rezo mais".[3]

Em 2002, já com 79 anos de idade, Cesariny foi contemplado em Portugal com o Grande Prémio EDP, título que lhe rendeu o tardio reconhecimento da unidade da obra à qual se dedicara por mais de meio século. Adotando processos mistos de produção, em que se cruzam as tintas, fragmentos de texto colados, desenhos e palavras

---

[3] Mário Cesariny, entrevista a Fernando Vale. "Mário Cesariny: 'Não vamos dizer surrealismo vamos dizer poesia'", *Jornal de Letras, Artes e Ideias*, Lisboa, 3-16 ago 1982, p. 3.

manuscritas, até os anos finais, Cesariny terá encontrado uma maneira de provocar com maior liberdade as linguagens pelas quais sempre transitou, transformando a atividade plástica, a escrita de poemas, a edição de livros e a crítica numa única experiência criadora. Hoje, portanto, enfatiza-se que sua obra deve ser percebida como *um todo*, sublinhando-se a indissociabilidade entre a produção plástica e a escrita, como lembram os críticos de arte João Lima Pinharanda, para quem "Mário Cesariny não se entenderá, se não juntarmos os dois universos, palavra e imagem, onde, desde sempre, em simultâneo e não sucessivamente, labora",[4] e Bernardo Pinto de Almeida, quando a caracteriza como "um todo absoluto".[5]

Envolvido desde o princípio da juventude por um mundo tocado pela arte, Cesariny trilhou um caminho em que a produção de uma obra se confunde com uma grande experiência vivida de amor, de liberdade e de imaginação, desenvolvendo uma obra tão variada quanto vasta. O livre trânsito entre sua obra artística e seus ensaios, traduções, depoimentos, entrevistas em vídeo, retratos fotográficos e suas cartas nos revela a concepção de uma obra-vida, ou de uma vida-obra. Dessa perspectiva, a poesia esteve sempre na rua,[6] seja porque ela se encontra na saída para

[4] João Lima Pinharanda, "*Quando o pintor é um caso à parte ou as velhas ainda lá estavam*", in: João Lima Pinharanda e Perfecto E. Cuadrado (orgs.), *Mário Cesariny*, Lisboa, Assírio & Alvim, 2004, p. 16.

[5] Em entrevista a Alexandra Lucas Coelho, "Grande Prémio EDP Mário Cesariny: 'Se não pintasse rebentava'", *Público*, Lisboa, 10 dez. 2002, p. 36.

[6] "A poesia está na rua" é o título de dois cartazes produzidos pela pintora Maria Helena Vieira da Silva (1908-1992), a pedido da poeta Sophia de Mello Breyner Andresen (1919-2004), para comemoração da revolução que deu fim à ditadura em Portugal, a Revolução dos Cravos,

o mundo e não está necessariamente submetida à confecção de um "objeto de arte", seja pelo fato, por ele mencionado em diversas ocasiões, de que nunca escreveu um poema em casa — "para escrever era pela rua, ou no café."[7] E, no acaso da rua, o inesperado encontro com a poesia, ou com "um rato morto encontrado num parque."[8]

A publicação de seus poemas tem uma história acidentada e tortuosa, especialmente problemática para aqueles apegados à organização pacífica e límpida, e crentes na possibilidade de delimitação total e absoluta de qualquer coisa no universo. Ao livro de estreia (na realidade, um longo poema), *Corpo visível*, seguiram-se *Discurso sobre a reabilitação do real quotidiano* (1952), o poema-fragmento *Louvor e simplificação de Álvaro de Campos* (1953), *Manual de prestidigitação* (1956), *Pena capital* (1957), *Alguns mitos maiores e alguns mitos menores propostos à circulação pelo Autor* (1958) e *Nobilíssima visão* (1959). Marca-se, assim, a década de 1950 não apenas como o período de projeção de Cesariny na cena literária portuguesa, mas sobretudo como momento decisivo para a consolidação de uma poética própria.

a 25 de abril de 1974. No original de um dos cartazes, em que Vieira da Silva havia escrito "A poesia está na rua", Cesariny fez uma intervenção, escrevendo por sobre o verbo "está" a expressão "esteve sempre". Mário Cesariny, *A poesia está na rua*, 1976, intervenção a tinta-da-china/cartaz colado/platex. Ex-col. Mário Cesariny, Col. Fundação Cupertino de Miranda. Cf. Catálogo da exposição *Correspondências – Vieira da Silva por Mário Cesariny*, coord. João Lima Pinharanda e Marina Bairrão Ruivo, investigação e documentação António Soares e Sandra Santos, textos de José Manuel dos Santos, João Lima Pinharanda e Marina Bairrão Ruivo, Lisboa, Assírio & Alvim e Fundação Arpad Szenes, 2008, p. 73.

[7] Mário Cesariny, entrevista a Miguel Gonçalves Mendes, *Autografia*, Lisboa, Atlanta Filmes, 2004.

[8] Mário Cesariny, "A um rato morto encontrado num parque", poema de *Pena capital*.

Sucede a essa aparentemente bem organizada lista de publicações a primeira recolha de sua obra, *Poesia (1944-1955)*, de 1961. Reunindo livros já editados até aquele momento e poemas ainda inéditos, *Poesia* consolida uma complicada e longa história de deslocamentos e migrações da obra cesariniana cuja partida fora dada na primeira edição de *Pena capital*, na qual o autor incluíra os poemas "corpo visível" e "louvor e simplificação de Álvaro de Campos", até então publicados em edições autônomas.

A tendência migratória pode ser mais claramente percebida se seguirmos os caminhos de um poema como "Pastelaria". Publicado pela primeira vez como a seção de número "VI" de "Discurso", em *Discurso sobre a reabilitação do real quotidiano*, o poema sofreu algumas alterações e adquiriu o título pelo qual o conhecemos hoje em *Nobilíssima visão*. Na recolha de 1961, porém, veremos a reafirmação do trânsito constante de poemas, por exemplo, na opção por publicar "Pastelaria" sob título e livro originais. O efeito provocado é o da coexistência de diferentes versões do mesmo poema, ou do aparecimento na obra de dois poemas quase idênticos, já que *Nobilíssima visão* fora publicado a uma distância de dois anos de *Poesia* e, excluído deste, continuava a figurar como um volume independente, fazendo com que "Pastelaria" fosse, a um tempo, uma versão da seção "VI" de *Discurso* e um poema com vida independente em *Nobilíssima visão*.

Nos anos seguintes, Cesariny publicará *Planisfério e outros poemas* (1961), a versão completa e de imediato censurada de *Um auto para Jerusalém* (1964),[9] *A cidade queimada* (1965), *19 Projectos de Prémio Aldonso Ortigão seguidos de Poemas de Londres* (1971), a antologia *Burlescas, teóricas e sentimentais* (1972), *Primavera autónoma das estradas* (1980) e, por fim, *O Virgem Negra: Fernando Pessoa explicado às criancinhas naturais e estrangeiras por M.C.V.* (1989). Alguns dos livros publicados a partir de 1961 serão a pouco e pouco incluídos e aglutinados — com a exclusão de poemas, com trocas de versos, mudanças de palavras, pequenas alterações na pontuação — em livros já editados na década de 1950, como *Manual de prestidigitação* e *Pena capital*, tornando-os dois volumes indispensáveis para a leitura da poesia de Cesariny.

Como se percebe por essa breve tentativa de explicação da disposição da obra, a ela não se podem atribuir adjetivos como "toda", "completa" ou "definitiva", o que deve ser percebido como caráter basilar da poética do autor. Críticos como João Lima Pinharanda e Perfecto E. Cuadrado[10] assinalaram a dificuldade diante da organização de um fio cronológico na obra como seu "elemento estruturante".[11] Para Cuadrado, "lidar com a obra de Mário Cesariny equivale a penetrar e a se perder num labirinto de danças e mudanças de palavras, versos, fragmentos, poemas e até livros inteiros [...] que, mesmo encontrando

[9] Uma versão reduzida já havia vindo a lume em *Poesia*, em 1961.

[10] Perfecto E. Cuadrado organizou a maior edição da poesia de Mário Cesariny até o momento e relata, nos seus textos de apresentação da obra, a dificuldade em organizar os poemas. Mário Cesariny, *Poesia*, edição, prefácio e notas de Perfecto E. Cuadrado, Lisboa, Assírio & Alvim, 2017.

[11] João Lima Pinharanda, op. cit., p. 22.

afinal uma porta de saída, acabariam por fazer da edição um livro quase ilegível".[12]

Esforçando-nos para garantir a legibilidade desta antologia, optamos por ordenar os poemas à maneira de Cuadrado, isto é, organizando-os de acordo com as últimas edições da poesia de Cesariny, revistas e autorizadas pelo autor. Mantivemos, assim, as incongruências cronológicas que estruturam seus livros de poesia. Isso se verifica, por exemplo, no fato de abrirem esta antologia os poemas do livro *Manual de prestidigitação* (a princípio, o quarto livro do autor), precedendo, portanto, um poema como "corpo visível", cuja data de publicação é anterior à de *Manual*. Respeitando o critério estabelecido pelas últimas edições da poesia de Cesariny, seguimos sua opção pelo uso de iniciais minúsculas nos títulos de poemas, adotada a partir das edições da década de 1980. Ao final deste volume, incluímos algumas notas explicativas que ajudam a identificar os contextos de publicação dos poemas e algumas mudanças em suas edições.[13]

Publicado em 1989, *O Virgem Negra*, uma grande paródia à obra de Fernando Pessoa, é o único momento em que utilizamos maiúsculas nos títulos dos poemas, fugindo à tendência ao uso de minúsculas. O principal motivo é o

---

[12] Perfecto E. Cuadrado, "Esta edição (ou seja, mais um aviso a tempo por causa do tempo)", op. cit., p. 23.

[13] Aos leitores que se interessarem por edições críticas, remetemos para a tese de doutorado de Maria de Fátima Marinho, *O Surrealismo em Portugal e a obra de Mário Cesariny de Vasconcelos*, Universidade do Porto, 1986, nomeadamente para o capítulo "Variantes", em que a autora fornece uma detalhada descrição das alterações por que passaram os poemas e os livros do autor até 1986.

fato de Cesariny ter optado por manter o estilo pessoano mesmo nos títulos de poemas, o que se manifesta no uso do primeiro verso ou das primeiras palavras dos poemas na condição de título, como no poema "Ela Canta". Em relação ao título da publicação, o único que grafamos com todas as iniciais maiúsculas, destaca-se o fato de a expressão "Virgem Negra" ser um apelido dado ao cadáver de Fernando Pessoa quando, no cinquentenário de sua morte, em 1985, foi exumado pela Direcção do Património em Lisboa para que fosse trasladado do Cemitério dos Prazeres ao claustro do Mosteiro dos Jerónimos, onde atualmente jaz. Na esperança de encontrar apenas um punhado de ossos, descobriu-se (para a surpresa geral) um corpo quase sem sinais de decomposição, apenas um pouco enegrecido.[14] A partir desse episódio, Cesariny atribui a Pessoa o epíteto, não sem jogar com as diversas referências à sexualidade reprimida do parodiado e com sua beatitude.[15]

[14] A esse respeito, Cesariny relata, em nota a um dos poemas do livro, "[Onan dos outros!]": "Na feliz circunstância do primeiro cinquentenário da morte, como na de fazer remover os tão esperados ossos, a Direcção do Património abriu e viu corpo incorrupto, vestuário intacto, pele da cara e das mãos completamente negras. O poeta não entregava os ossos e estava preto! Esta resposta do corpo à diáspora psíquica intentada, não foi ouvida pelas autoridades culturais que levaram ao limite do ridículo a incapacidade de resposta a tal falta de cooperação". Mário Cesariny, *O Virgem Negra: Fernando Pessoa explicado às criancinhas naturais e estrangeiras por M. C. V. Who Knows Enough About It seguido de Louvor e Desratização de Álvaro de Campos pelo mesmo no mesmo lugar. Com 2 Cartas de Raul Leal (Henoch) ao Heterónimo; e a Gravura da Universidade. Escrito & Compilado de Jun. 1987 a Set. 1988*, Lisboa, Assírio & Alvim, 1989, p. 115-116.

[15] Julia Pinheiro Gomes aponta que "a denominação 'Virgem Negra', neste caso, parece fazer alusão ao raro fenômeno conhecido como 'corpo incorrupto', que tem sido observado, na maioria dos casos, em corpos preservados (às vezes também enegrecidos) de beatos(as) e santos(as) da Igreja Católica. Daí, emergiria a ideia de 'santidade' de Fernando Pessoa, somada à sua aventada castidade". Julia Pinheiro Gomes, *Fernando Pessoa revisited: uma leitura de O Virgem Negra, de Mário Cesariny*, Dissertação de Mestrado, Faculdade de Letras, Universidade Federal do Rio de Janeiro, 2016, p. 49.

Como primeira edição da obra de Mário Cesariny no Brasil, a seleção dos poemas que compõem esta antologia pretende dar notícia de um período de quase cinquenta anos de publicação da poesia escrita daquele que foi, "no sentido mais enérgico da palavra", *Livre*, como se declara de partida em "corpo visível":

> Livres
> digo Livres
> e isso é não só a grande rua sem fim por onde vamos
> viemos
> ao encontro um do outro
> [...]
> mas e também as chamas que acendemos na terra
> da floresta humana

Com os poemas reunidos e com o estudo que se encontra ao final desta edição, esperamos fornecer ao leitor um amplo panorama da poesia escrita de Cesariny, e também fazer jus ao interesse do artista que é para aqui convocado. Insatisfeito com a sua inclusão numa antologia organizada pelo poeta Jorge de Sena, determinou: "Antologias, só tendenciosíssimas, *apaixonadamente tendenciosas*".[16] Assim, os poemas selecionados respondem, em parte, a essa exigência do autor — que convoca insistentemente o leitor a uma atividade amante —,

---

[16] Mário Cesariny, "Prolegómenos ao aparecimento de Dadá e do Surrealismo", in *A intervenção surrealista*, Lisboa, Assírio & Alvim, 1997, p. 81-82.

ainda que representem um pequeno recorte de uma obra de dimensões múltiplas.

Cesariny mereceria, ainda, um extenso catálogo com reproduções em cor e textura de suas telas e objetos-assistidos, de suas colagens e esculturas, além de uma coleção dedicada aos ensaios e textos críticos sobre o estado da arte universal, de uma seleção de seus textos teatrais, e de outra com as traduções que fez de autores como Antonin Artaud (*Heliogabalo*) e Arthur Rimbaud (*Iluminações / Uma cerveja no inferno*), outra, ainda, com uma recolha de cartas escritas a André Breton, Vieira da Silva e Arpad Szenes, Cruzeiro Seixas, a Frida e Laurens Vancrevel. No entanto, como se verá, separar sua produção em categorias fixas é tarefa não apenas irrealizável como violenta. Mário Cesariny merece um livro impossível, em que se manifestem simultaneamente suas múltiplas atividades, um livro que fosse um espetáculo completo, com direito a visita ao camarim e autógrafo do autografado.

manual de
prestidigitação

burlescas teóricas e sentimentais

no cais

no cais
vaga uma luz
sombria
desde que o dia
se perdeu
uns dizem que é a noite
a noite e nada
outros não sabem que dizer
e dormem e sonham e desmentem
o sonho que dormiram
a minha alma, calada,
também não diz quem é
a alma dessa sombra
que talvez seja só
luz do anoitecer
e deixa-se prender
em movimento de água
fluir e refluir
que a maré tem
com velha indiferença
e no entanto
ela é como que a mãe
de coisas e seres
porque a todos molha
e vem
indistinta corrente
a quem
pouco importa ter alma ou ser gente

a luz do dia
não sai já, também,
emersa na água escura
múrmura, oleosa, ela
que o céu tem?
não é já sem vida
toda a abstracção
ou pensamento
que a quisesse guardar?
só o fluxo contínuo
do rio que sustém
as inflexões do vento
busca o mar
e encontra-o
num mudo entendimento
alheio
à graça desavinda de falar
não seja embora
essa casta harmonia
uma harmonia humana
nem o resto de água
saiba
que a morta luz do cais
é indicação vaga
de outra luz que raiou
e de outra hora.

história de cão

eu tinha um velho tormento
eu tinha um sorriso triste
eu tinha um pressentimento

tu tinhas os olhos puros
os teus olhos rasos de água
como dois mundos futuros

entre parada e parada
havia um cão de permeio
no meio ficava a estrada

depois tudo se abarcou
fomos iguais um momento
esse momento parou

ainda existe a extensa praia
e a grande casa amarela
aonde a rua desmaia

estão ainda a noite e o ar
da mesma maneira aquela
com que te viam passar

e os carreiros sem fundo
azul e branca janela
onde pusemos o mundo

o cão atesta esta história
sentado no meio da estrada
mas de nós não há memória

dos lados não ficou nada

visualizações

suave
a vela abre
e principia
o dia

ela
que pelo azul
que corta
considera e chama
outras velas irmãs para o claro rio
e enquanto
o cais
é um enorme navio
que se nega
e no entanto cumpre
a mais estranha viagem

ela
que parte
vira
para o que abandona
um olhar de brancura
que é toda a matemática
singela
da manhã que a inspira

à claridade sóbria
insistente e velada
o cargueiro desliza
e o nada
do pequenino ponto
que vai ser
pontilha a face lisa
da enseada

em fim de tarde e luz
demanda o céu escurento
uma forte nostálgica
— mas benéfica! — vela
pelo seu movimento

e ela
a água que tem
o seu correr
abre-lhe o seio suave
de mãe fria, de mãe
que o não pode saber

**a um soldado que chorava de tanta
coisa tinha para levar aos ombros
e arrastar com as mãos**

anda soldado
não te demores
vais atrasado
anda não chores

parte o comboio a toda a pressa
comboio sombra inaugural
da gare onde tudo começa
pior que bem melhor que mal
não tens quem de ti se despeça
cabelos de oiro mãos de metal
parte o comboio a toda a pressa
ai torna à cidade natal

fiquem as casas que a noite começa
a murar por todos os lados
fiquem as casas o sol que impeça
que o sol do veneno dos dados
caia
sobre
a tua
cabeça
essa
figura
de
mulher

essa
eça
com todos os selos selados

anda soldado
afia os gumes
vais atrasado
anda não fumes

parte torna tudo começa
arde carvão distância metal
são os teus astros levanta a cabeça
meu crânio de aurora minha boca lustral
não tens quem te peça ou impeça
amor carvão filosofia moral
toma o comboio a toda a pressa
ai torna à cidade natal

anda soldado
acenam chamam
ainda te esperam
ainda te amam

em forma de poema

dou os meus prantos às procelas
para que cessem e me deixem
dou os meus sonhos às estrelas
para que os meus sonhos não se queixem

fico só como o lobisomem
na estrada sem forma e sem fundo
meus sonhos no ar dormem dormem
à espera da manhã do mundo

vê tu se nesta alegoria
descobres porque estou inteiro
e nunca terei agonia
sem fartar meus sonhos primeiro

discurso sobre a reabilitação do real quotidiano

II

um grande utensílio de amor
meia laranja de alegria
dez toneladas de suor
um minuto de geometria

quatro rimas sem coração
dois desastres sem novidade
um preto que vai para o sertão
um branco que vem à cidade

uma meia-tinta no sol
cinco dias de angústia no foro
o cigarro a descer o paiol
a trepanação do touro

mil bocas a ver e a contar
uma altura de fazer turismo
um arranha-céus a ripar
meia-quarta de cristianismo

uma prancha sem porta sem escada
um grifo nas linhas da mão
uma Ibéria muito desgraçada
um Rossio de solidão

VII

como a vida sem caderneta
como a folha lisa da janela
como a cadela violeta
— ou a violenta cadela?

como estar egípcio e mudado
no salão do navio de espelhos
como nunca ter embarcado
ou só ter embarcado com velhos

como ter-te procurado tanto
que haja qualquer coisa quebrada
como percorrer uma estrada
com memórias a cada canto

como os lábios prendem o copo
como o copo prende a tua mão
como se o nosso louco amor louco
estivesse cheio de razão

e como se a vida fosse o foco
de um baço lento projector
e nós dois ainda fôssemos pouco
para uma tempestade de cor

um ao outro nos fôssemos pouco
meu amor meu amor meu amor

IX

no país no país no país onde os homens
são só até ao joelho
e o joelho que bom é só até à ilharga
conto os meus dias tangerinas brancas
e vejo a noite Cadillac obsceno
a rondar os meus dias tangerinas brancas
para um passeio na estrada Cadillac obsceno

e no país no país e no país país
onde as lindas lindas raparigas são só até ao pescoço
e o pescoço que bom é só até ao artelho
ao passo que o artelho, de proporções mais nobres,
chega a atingir o cérebro e as flores da cabeça,
recordo os meus amores liames indestrutíveis
e vejo uma panóplia cidadã do mundo
a dormir nos meus braços liames indestrutíveis
para que eu escreva com ela, só até à ilharga,
a grande história do amor só até ao pescoço

e no país no país que engraçado no país
onde o poeta o poeta é só até à *plume*
e a *plume* que bom é só até ao fantasma
ao passo que o fantasma — ora aí está —
não é outro senão a divina criança (prometida)
uso os meus olhos grandes bons e abertos
e vejo a noite (on ne passe pas)

diz que grandeza de alma. Honestos porque.
Calafetagem por motivo de obras.
É relativamente queda de água
e já agora há muito não é doutra maneira
no país onde os homens são só até ao joelho
e o joelho que bom está tão barato

X

falta por aqui uma grande razão
uma razão que não seja só uma palavra
ou um coração
ou um meneio de cabeças após o regozijo
ou um risco na mão
ou um cão
ou um braço para a história
da imaginação

podemos pois está claro
transferir-nos
imaginar durante um quarto de hora
os séculos que virão
— os séculos um
e dois
da colonização —
depois
depois é este cair na madrugada ardente
na madrugada de constantemente
sem sol
e sem arpão

faltas tu faltas tu
falta que te completem
ou destruam
não da maneira rilkeana vigilante mortal solícita e obrigada
— não, de nenhuma maneira resultante!
nem mesmo o amor
não é o amor que falta

falta uma grande realmente razão
apenas entrevista durante as negociações
oclusa na operação do fuzilamento cantante
rodoviária na chama dos esforços hercúleos
morta no corpo a corpo do ismo contra ismo

falta uma flor
mas antes de arrancada

falta, ó Lautréamont, não só que todo o figo coma o
                                          [seu burro
mas que todos os burros se comam a si mesmos
que todos os amores palavras propensões sistemas de
                                [palavras e de propensões
se comam a si mesmos
muitas horas por dia até de manhã cedo
até que só reste o *a* o *b* e o *c* das coisas
para o espanto dos parvos
que aliás não estão a mais

isso eu o espero
e o faço
junto à imagem da
criança morta
depois que Pablo Picasso devorou o seu figo
sobre o cadáver dela
e longas filas de bandeiras esperam
devorar Picasso
que é perto da criança, ao lado da boca minha

XIII

e é preciso correr é preciso ligar é preciso sorrir
                        [é preciso suor
é preciso ser livre é preciso ser fácil é preciso a roda o
                                    [fogo-de-artifício
é preciso o demónio ainda corpulento
é preciso a roda sob o cavalinho
é preciso o revólver de um só tiro na boca
é preciso o amor de repente de graça
é preciso a relva de bichos ignotos
e o lago é preciso digam que é preciso
é preciso comprar movimentar comércio
é preciso ter feira nas vértebras todas
é preciso o fato é preciso a vida
da mulher cadáver até de manhã
é preciso um risco na boca do pobre
para averiguar de como é que eles entram
é preciso a máquina a quatro mil vóltios
é preciso a ponte rolante no espaço
é preciso o porco é preciso a valsa
o estrídulo o roxo o palavrão de costas
é preciso uma vista para ver sem perfume
e outra menos vista para olhar em silêncio
é preciso o logro a infância depressa
o peso de um homem é demais aqui
é preciso a faca é preciso o touro
é preciso o miúdo despenhado no túnel
é preciso forças para a hemoptise
é preciso a mosca um por cento doméstica

é preciso o braço coberto de espuma
a luz o grito o grande olho gelado

E é preciso gente para a debandada
é preciso o raio a cabeça o trovão
a rua a memória a panóplia das árvores
é preciso a chuva para correres ainda
é preciso ainda que caias de borco
na cama no choro no rôgo na treva
é precisa a treva para ficar um verme
roendo cidades de trapo sem pernas

XVII

eu em 1951 apanhando (discretamente) uma beata
                                    [(valiosa)
num café da baixa por ser incapaz coitados deles
de escrever os meus versos sem realizar de facto
neles, e à volta sua, a minha própria unidade
— Fumar, quere-se dizer

esta, que não é brilhante, é que ninguém esperava ver num
livro de versos. Pois é verdade. Denota a minha essencial falta
de higiene (não de tabaco) e uma ausência de escrúpulo (não
de dinheiro) notável

o Armando, que escreve à minha frente
o seu dele poema, fuma também.
fumamos como perdidos escrevemos perdidamente
e nenhuma posição no mundo (me parece) é mais alta
mais espantosa e violenta incompatível e reconfortável
do que esta de nada dar pelo tabaco dos outros
(excepto coisas como vergonha, naturalmente,
e mortalhas)

(que se saiba) é esta a primeira vez
que um poeta escreve tão baixo (ao nível das priscas
                                      [dos outros)
aqui e em parte mais nenhuma é que cintila o tal
                                  [condicionalismo
de que há tanto se fala e se dispõe
discretamente (como quem as apanha).

sirva tudo de lição aos presentes e futuros
nas taménidas (várias) da poesia local.
Antes andar por aí relativamente farto
antes para tabaco que para cesariny
(mário) de vasconcelos

poema podendo servir de posfácio

ruas onde o perigo é evidente
braços verdes de práticas ocultas
cadáveres à tona de água
girassóis
e um corpo
um corpo para cortar as lâmpadas do dia
um corpo para descer uma paisagem de aves
para ir de manhã cedo e voltar muito tarde
rodeado de anões e de campos de lilases
um corpo para cobrir a tua ausência
como uma colcha
um talher
um perfume

isto ou o seu contrário, mas de certa maneira hiante
e com muita gente à volta a ver o que é
isto ou uma população de sessenta mil almas devorando
               [almofadas escarlates a caminho do mar
e que chegam, ao crepúsculo,
encostadas aos submarinos

isto ou um torso desalojado de um verso
e cuja morte é o orgulho de todos
ó pálida cidade construída
como uma febre entre dois patamares!
vamos distribuir ao domicílio
terra para encher candelabros
leitos de fumo para amantes erectos

tabuinhas com palavras interditas
— uma mulher para este que está quase a perder o gosto à
                        [vida — tome lá —
dois netos para essa velha aí no fim da fila — não temos
                        [mais —
saquear o museu dar um diadema ao mundo e depois
            [obrigar a repor no mesmo sítio
e para ti e para mim, assentes num espaço útil,
veneno para entornar nos olhos do gigante

isto ou um rosto um rosto solitário como barco em
            [demanda de vento calmo para a noite
se nós somos areia que se filtre
a um vento débil   entre arbustos pintados
se um propósito deve atingir a sua margem como as
    [correntes da terra   náufragos e tempestade
se o homem das pensões e das hospedarias levanta a sua
                [fronte de cratera molhada
se na rua o sol brilha como nunca
se por um minuto
vale a pena
esperar
isto ou a alegria igual à simples forma de um pulso
aceso entre a folhagem das mais altas lâmpadas
isto ou a alegria dita o avião de cartas
entrada pela janela   saída pelo telhado
ah mas então a pirâmide existe?
ah mas e então a pirâmide diz coisas?
então a pirâmide é o segredo de cada um com o mundo?

sim meu amor a pirâmide existe
a pirâmide diz muitíssimas coisas
a pirâmide é a arte de bailar em silêncio

e em todo o caso

há praças onde esculpir um lírio
zonas subtis de propagação do azul
gestos sem dono   barcos sob as flores
uma canção para ouvir-te chegar

alguns mitos maiores alguns mitos menores propostos à circulação pelo autor

o marinheiro

O que vai ao mar buscar dinheiro.
Rapaz nave-gado que pratica a arte da marinharia.
AMARINHEIRAR — O mesmo que amarinhar. Pôr-se a pessoa à moda de amarinha (caso Fernando Pessoa, no drama: "O Marinheiro").

**a cabeça de arcaifaz
(sismo)**

Localização fonética:
a) *A cabeça:* onde cabe a eça. *Pop.*°: cabe a eça agora!
b) *de Arcaifaz (sismo):* o ar (que) cai, faz (produz) sismo. Faz sismo: o ar cai. Caído o ar, fica o *caifascismo*, o que dá cai, dá sismo, e retira o ar que caiu. Por isso se diz que não há ar onde há alguém que faz sismo, podendo no entanto sufixismar-se o prefixo, o que dará a *CAIFAZCISMAÇÃO*, sublimação da cisma que Caifaz.

manual de prestidigitação

arte de inventar os personagens

Pomo-nos bem de pé, com os braços muito abertos
e olhos fitos na linha do horizonte
Depois chamamo-los docemente pelos seus nomes
e os personagens aparecem

arte de ser natural com eles

Senhor Fantasma, vamos falar

Tudo foi e tudo acabou
numa cidade venezuelana
Boa parte de mim lá ficou
não vês senão o que voltou
no princípio desta semana

Senhor Fantasma, em que é que trabalha?

Em luzes e achados
chãos e valados
barcos chegados
comboios idos
Procuro os meus antepassados
altos hirsutos penteados
mudos miúdos desprevenidos

Senhor Fantasma, a vida é má
muito concerto pouca harmonia

A vida é o que nos dá
Não quero outra filosofia

Senhor Fantasma, diga lá
que estrela se deve seguir?

(Mestre Fantasma: Ah, ah, ah!)

Senhor Fantasma, vamos dormir

exercício espiritual

É preciso dizer rosa em vez de dizer ideia
é preciso dizer azul em vez de dizer pantera
é preciso dizer febre em vez de dizer inocência
é preciso dizer o mundo em vez de dizer um homem

É preciso dizer candelabro em vez de dizer arcano
é preciso dizer Para sempre em vez de dizer Agora
é preciso dizer O Dia em vez de dizer Um Ano
é preciso dizer Maria em vez de dizer aurora

cena de libertação nos jardins do palácio de epaminondas, imperador

Como um vasto programa contra a poeira
contra a erosão das operações da noite
um braço   apenas um braço
sai em liberdade
a parte útil rodeada de escombros
os dispositivos especiais dissimulados atrás
de misteriosas armas incorporadas

Nada que se pareça com centenas de escudos
ou com a sensação de segurança
essa forma de anel sobre as melhores cidades
que estrangula não mata   aperta não afoga
um braço   apenas um braço   hábil solução do conjunto
um braço sai em liberdade

ars magna

Devo ter corredores por onde ninguém passe devo ter um
[mar próprio e olhos cintilantes
devo saber de cor o ceptro e a espada
devo estar sempre pronto para ser rei e lutar
devo ter descobertas privativas implicando viagens ao
[grande imprevisto
de um pássaro as ossadas de uma ilha a floresta do teu
[peito o animal que inanimado canta
devo ser Júlio César e Cleópatra a força de Dniepper e o
[carmim dos olhos de El-Rei D. Dinis
devo separar bem a alegria das lágrimas
fazer desaparecer e fazer que apareça
dia sim dia não
dia sim dia não
devo ter no meu quarto espelhos mais perfeitos técnicas
[mais sérias prestígios maiores
devo saber que és forte amplo transparente e colher-te
[murmúrio flébil aureolado
que eu arranco da luz que encharca o mundo
dia sim dia não dia sim dia não
devo portar-me bem à saída do teatro
devo dar e tirar as chaves do universo
num passo ágil belo natural
e indiferente ao triunfo aos castigos aos medos
fitar unicamente, sob as luzes da cúpula, o voo tutelar da
[invisível armada

julião os amadores

Já nada temos a fazer sobre a Terra esperemos de olhos
 [fechados a passagem do vento
dizia eu   dizia eu
que é sobre a missa branca do teu peito que se erguem os
 [palácios rasos de água
no escuro   no escuro
alguém nos levará tocando-nos com um dedo nós
 [trémulos, deitados, sem dizer palavra,
 [morreremos de ter-nos conhecido tanto
e depois?   e depois?
depois o halo de uma fita azul o martelo esquecido sobre a
 [pedra de um sonho
mas os salões?   e a casa?
e o cão que nos seguia?

o teu rosto meu rosto
este homem alto
 o Sol

camarim

Rosa Íris Rosa Íris escuta
é qualquer coisa   a chávena   as tuas mãos   a mesa
estão imóveis demais   preparam algo
certo e sabido que se os grandes olhos que trago comigo
                [pudessem preencher toda a sua função
(exposição sobre os órgãos sexuais na infância)
grandes e nobres chamas sairiam do mundo destes seres
lá vem a caixa de fósforos castelo
como assim castelo e não andorinha ou optimus
atenção   os sinais   o trunfo é ver sem lâmpada
fechar os olhos e abrir os olhos
fechar os olhos
a carruagem puxada pelas linhas do vento
chegou   quem embarca?   trrim trrim partiu
na parte mais escura da ruela que sobe o castelo de S. Jorge
há um homem deitado   atenção   levantou-se
a que veio?   onde vai?   que diz ele do vento?
que saco de desgostos pendurado do sexo como se fosse
                                    [às compras?
Rosa Íris Rosa Íris escuta
eu o manequim verde pela janela
eu a mosca que assiste ao vaivém contínuo dos dois
                [elevadores ditos de Santa Justa
Rosa Íris escuta   Rosa Íris escuta
eu o sereno pacto de ilegalidade perpétua

Lá passam as gabardines a caminho do Inverno
este é o melhor tempo da minha vida
o melhor o mais belo o mais lúcido o mais da minha vida

onde está isso   bandidos   onde está isso
ah os pequenos orifícios para a respiração dos grandes
                              [monstros
monstros de incêndio   monstros de inocência
monstros de amor   boca livre   mãos nuas
bandidos
bandidos sem chapéu
nuas só as crianças e as galinhas
livre só a penúria que nos segue com um vidro fosco
para medir a extensão de certas sobrevivências
doem-me doem-me os olhos e as mãos
os meus olhos cansados e até mordidos pela valente
                              [brocha da miséria local
mas como assim que apesar de seguida de longe e de perto
      [pelas brigadas de choque da academia e do folheto
tenhas vindo parar às minhas mãos encontrado o teatro
ó Rosa Íris   rapariga   ataúde
passada a zona dos protestos-coreto
fica no entanto um silêncio   é a boca da Terra
é por detrás das árvores do teu quarto
é o teu rosto o ar que há no teu rosto

— o oxigénio será o génio oxigenado?

Rosa Íris levanta-te dos meus olhos
Rosa Íris   é noite   é dia claro
vai ser preciso sangrar as palavras
vai ser bom ver correr o vidro das palavras
a palavra partir a palavra chegar
sangue por cima por baixo nos lados atrás dos flancos

**discurso ao príncipe de epaminondas,
mancebo de grande futuro**

Despe-te de verdades
das grandes primeiro que das pequenas
das tuas antes que de quaisquer outras
abre uma cova e enterra-as
a teu lado
primeiro as que te impuseram eras ainda imbele
e não possuías mácula senão a de um nome estranho
depois as que crescendo penosamente vestiste
a verdade do pão   a verdade das lágrimas
pois não és flor nem luto nem acalanto nem estrela
depois as que ganhaste com o teu sémen
onde a manhã ergue um espelho vazio
e uma criança chora entre nuvens e abismos
depois as que hão-de pôr em cima do teu retrato
quando lhes forneceres a grande recordação
que todos esperam tanto porque a esperam de ti
Nada depois, só tu e o teu silêncio
e veias de coral rasgando-nos os pulsos
Então, meu senhor, poderemos passar
pela planície nua
o teu corpo com nuvens pelos ombros
as minhas mãos cheias de barbas brancas
Aí não haverá demora nem abrigo nem chegada
mas um quadrado de fogo sobre as nossas cabeças
e uma estrada de pedra até ao fim das luzes
e um silêncio de morte à nossa passagem

**coro dos maus oficiais de serviço na corte
de epaminondas, imperador**

Vá
uma morte loura
simpática
acolhedora
que não dê muito que falar
mas que também não gere
um silêncio excessivo

vá
uma morte boa
a uma boa hora
uma morte ginasta   tradutora
relativamente compensadora
uma morte pedal espinha de bicicleta quase carapau
com quatro a cinco soltas a dizer
que se ele não tivesse ido embora
tão jovem   tão salino
boas probabilidades haveria de ter
de vir a ser
dos melhores poetas pós-fernandino

vá lá   vá lá Mário
uma morte
naniôra
que não deixe o esqueleto de fora como nos casos do mau
                                         [gosto

os esqueletos têm sempre um quê de arrependidos
se bem que por aí já convinha lá isso já também era
[verdade

vá
o demais   demora
e
francamente
nunca será teu

vá vá vamos embora

custava-te menos agora
e ainda ias para o céu

tal como catedrais

Consumada a Obra fica o esqueleto da mesma
e as inerentes avarias centrais
entre céu e terra à espera do descanso
Consumada a Obra ficamos   tu e eu
pensando frases como: como é possível?
                        o que foi que fizemos?
ou esta, mais voraz que todas as anteriores:
            Onde está a camisola?

Sim realmente
onde está a camisola?   Ola
palavra espanhola que quer dizer-nos: Onda
coitadas das palavras sempre a atravessar fronteiras há
                                        [tantos anos
não há aí quem possa dar descanso a estas senhoras?

O rato roeu a rolha da garrafa do Rei da Rússia
— frase entre todas triste, a atentar na significação

Sim consumada a Obra sobram rimas
pois ela é independente do obreiro
no deitar a língua de fora, no grande manguito aos Autores
é que se vê se uma obra está completa

Fiquemos tristes   abraça-me   nós fizemos tão pouco
e ela aí vai pelo mar fora cavando a sua avaria!

(O mundo é redondo
talvez a reencontremos...
— Esperança cínica e conservadora...)

TU MEU ÚNICO AMOR MEU
MÚLTIPLO AMOR MEU!

Sim, sim, de facto
Efectivamente
mas o dia arrefece
e pálidos pálidos estamos

pena
capital

pena
capital

notícia

Enquanto três camelos invadiam o aeroporto do Cairo
    [e o pessoal de terra loucamente tentava apanhar
                                  [os animais
eu limpava as minhas unhas
quando acabava de ser identificada a casa onde viveu
      [Miguel Cervantes, em Alcalá de Henares,
eu saía para o campo com Rufino Tamayo
enquanto um português vivia trinta anos com uma bala
                          [alojada num pulmão
chegava eu ao conhecimento das coisas

Agora já não há braseiros — os destroços foram
                              [removidos —
os animais espantaram-se
e como se não fosse desde já um admirável e surpreendente
                [esforço a nossa acção de escritores
afogado num poço canta um homem

ORADOUR-SUR-GLANE

Gritos brancos gritos pardos gritos pretos
não mais haverá braseiros — os destroços foram
                                [removidos

E não esquecendo o esforço daquele outro
que para aquecer o ambiente apareceu morto
e não enviou convite nem notícia a ninguém

Mundo mundo vasto mundo
(Carlos Drummond de Andrade)
os conspiradores conspiram
os transpiradores transpiram
os transformadores aspiram
e Deus acolhe tudo num grande cesto especial

A lei da gravidade dos teus olhos, mãe,
a lei da gravidade   aqui está   é um poeta
num barco a gasolina   não não não   é um operário
com um martelo na mão muito depressa
os automóveis passam o rapazito grita
o criado serve (se não servisse morria)
os olhos em vão rebentam a pessoa levantou-se
tantas crianças meu Deus lá vai o meu amor

Também ele passou trezentas vezes a rampa
— que estranhas coisas passaram   os poetas
                          [é que sabem

construção   construção
progresso no transporte

ORADOUR-SUR-GLANE

Souviens-toi

REMEMBER

homenagem a cesário verde

Aos pés do burro que olhava para o mar
depois do bolo-rei comeram-se sardinhas
com as sardinhas um pouco de goiabada
e depois do pudim, para um último cigarro
um feijão branco em sangue e rolas cozidas

Pouco depois cada qual procurou
com cada um o poente que convinha.
Chegou a noite e foram todos para casa ler Cesário Verde
que ainda há passeios ainda há poetas cá no país!

de profundis amamus

Ontem
às onze
fumaste
um cigarro
encontrei-te
sentado
ficámos para perder
todos os teus eléctricos
os meus
estavam perdidos
por natureza própria

Andámos
dez quilómetros
a pé
ninguém nos viu passar
excepto
claro
os porteiros
é da natureza das coisas
ser-se visto
pelos porteiros

Olha
como só tu sabes olhar
a rua   os costumes
O público
o vinco das tuas calças

está cheio de frio
e há quatro mil pessoas interessadas
nisso

Não faz mal   abracem-me
os teus olhos
de extremo a extremo azuis
vai ser assim durante muito tempo
decorrerão muitos séculos antes de nós
mas não te importes
não te importes
muito
nós só temos a ver
com o presente
perfeito
corsários de olhos de gato intransponível
maravilhados   maravilhosos   únicos
nem pretérito nem futuro tem
o estranho verbo nosso

estação

Esperar ou vir esperar querer ou vir querer-te
vou perdendo a noção desta subtileza.
Aqui chegado até eu venho ver se me apareço
e o fato com que virei preocupa-me, pois chove miudinho

Muita vez vim esperar-te e não houve chegada
De outras, esperei-me eu e não apareci
embora bem procurado entre os mais que passavam.
Se algum de nós vier hoje é já bastante
como comboio e como subtileza
Que dê o nome e espere. Talvez apareça

poema

Tu estás em mim como eu estive no berço
como a árvore sob a sua crosta
como o navio no fundo do mar

a um rato morto encontrado num parque

Este findou aqui sua vasta carreira
de rato vivo e escuro ante as constelações
a sua pequena medida não humilha
senão aqueles que tudo querem imenso
e só sabem pensar em termos de homem ou árvore
pois decerto este rato destinou como soube (e até como
                                         [não soube)
o milagre das patas — tão junto ao focinho! —
que afinal estavam justas, servindo muito bem
para agatanhar, fugir, segurar o alimento, voltar atrás de
                                      [repente, quando necessário

Está pois tudo certo, ó "Deus dos cemitérios pequenos"?
Mas quem sabe quem sabe quando há engano
nos escritórios do inferno? Quem poderá dizer
que não era para príncipe ou julgador de povos
o ímpeto primeiro desta criação
irrisória para o mundo — com mundo nela?
Tantas preocupações às donas de casa— e aos médicos —
                                      [ele dava!
Como brincar ao bem e ao mal se estes nos faltam?
Algum rapazola entendeu sua esta vida tão ímpar
e passou nela a roda com que se amam
olhos nos olhos — vítima e carrasco

Não tinha amigos? Enganava os pais?

Ia por ali fora, minúsculo corpo divertido
e agora parado, aquoso, cheira mal.

Sem abuso
que final há-de dar-se a este poema?
Romântico? Clássico? Regionalista?

Como acabar com um corpo corajoso humílimo
morto em pleno exercício da sua lira?

barricada

Quando já não pudermos mais chorar e as palavras forem pequeninos suplícios e olhando para trás virmos apenas homens desmaiados, então alguém saltará para o passeio, com o rosto já belo, já espontâneo e livre, e uma canção nascida de nós ambos, do mais fundo de nós, a exaltar-nos!

Tu sabes se te quero e se fomos os dois abandonados, abandonados para uma bandeira, para um riso que sangre, para um salto no escuro, abandonados pelos lúgubres deuses, pelo filme que corre e desaparece, pela nota de vinte e um pedais, pela mobília de duas cadeiras e uma cama feita para morrer de nojo. Minha criança a quem já só falta cuspir e enviar corpo e bens para a barricada, meu igual, tu segues-me; tu sabes que o caminho é insuportavelmente puro e nosso, é um duende gritando no telhado às ervas misteriosas, é um rapaz crescendo ao longo dos teus braços, é um lugar para sempre solene, para sempre temido! E o Rossio é uma praça para fazer chorar. Salvé, ó arquitectos! Mas choraremos tanto que será um dilúvio. Automóveis-dilúvio. Sobretudos-dilúvio. Soldadinhos-dilúvio. E quando essa água morna inundar tudo, então, ó arquitectos, trabalhai de novo, mas com igual requinte e igual vontade: vinde trazer-nos rosas e arame, homens e arame, rosas e arame.

poema

Em todas as ruas te encontro
em todas as ruas te perco
conheço tão bem o teu corpo
sonhei tanto a tua figura
que é de olhos fechados que eu ando
a limitar a tua altura
e bebo a água e sorvo o ar
que te atravessou a cintura
tanto   tão perto   tão real
que o meu corpo se transfigura
e toca o seu próprio elemento
num corpo que já não é seu
num rio que desapareceu
onde um braço teu me procura

you are welcome to elsinore

Entre nós e as palavras há metal fundente
entre nós e as palavras há hélices que andam
e podem dar-nos morte   violar-nos   tirar
do mais fundo de nós o mais útil segredo
entre nós e as palavras há perfis ardentes
espaços cheios de gente de costas
altas flores venenosas   portas por abrir
e escadas e ponteiros e crianças sentadas
à espera do seu tempo e do seu precipício

Ao longo da muralha que habitamos
há palavras de vida   há palavras de morte
há palavras imensas, que esperam por nós
e outras, frágeis, que deixaram de esperar
há palavras acesas como barcos
e há palavras homens, palavras que guardam
o seu segredo e a sua posição

Entre nós e as palavras, surdamente,
as mãos e as paredes de Elsinore

E há palavras nocturnas palavras gemidos
palavras que nos sobem ilegíveis à boca
palavras diamantes palavras nunca escritas
palavras impossíveis de escrever
por não termos connosco cordas de violinos
nem todo o sangue do mundo nem todo o amplexo do ar
e os braços dos amantes escrevem muito alto

muito além do azul onde oxidados morrem
palavras maternais só sombra só soluço
só espasmos só amor só solidão desfeita

Entre nós e as palavras, os emparedados
e entre nós e as palavras, o nosso dever falar

autografia I

Sou um homem
um poeta
uma máquina de passar vidro colorido
um copo   uma pedra
uma pedra configurada
um avião que sobe levando-te nos seus braços
que atravessam agora o último glaciar da terra

O meu nome está farto de ser escrito na lista dos tiranos:
                              [condenado à morte!
os dias e as noites deste século têm gritado tanto no meu
            [peito que existe nele uma árvore miraculada
tenho um pé que já deu a volta ao mundo
e a família na rua
um é loiro
outro moreno
e nunca se encontrarão
conheço a tua voz como os meus dedos
(antes de conhecer-te já eu te ia beijar a tua casa)
tenho um sol sobre a pleura
e toda a água do mar à minha espera
quando amo imito o movimento das marés
e os assassínios mais vulgares do ano
sou, por fora de mim, a minha gabardina
e eu o pico do Everest
posso ser visto à noite na companhia de gente altamente
                                          [suspeita
e nunca de dia a teus pés florindo a tua boca

porque tu és o dia porque tu és
a terra onde eu há milhares de anos vivo a parábola
do rei morto, do vento e da primavera
Quanto ao de toda a gente — tenho visto qualquer coisa
Viagens a Paris — já se arranjaram algumas.
Enlaces e divórcios de ocasião — não foram poucos.
Conversas com meteoros internacionais — também já por
[cá passaram.
Eu sou, no sentido mais enérgico da palavra
uma carruagem de propulsão por hálito
os amigos que tive as mulheres que assombrei as ruas por
[onde passei uma só vez
tudo isso vive em mim para uma história
de sentido ainda oculto
magnífica   irreal
como uma povoação abandonada aos lobos
lapidar e seca
como uma linha férrea ultrajada pelo tempo
é por isso que eu trago um certo peso extinto
nas costas
a servir de combustível
e é por isso que eu acho que as paisagens ainda hão-de vir
[a ser escrupulosamente electrocutadas vivas
para não termos de atirá-las semi-mortas à linha

E para dizer-te tudo
dir-te-ei que aos meus vinte e cinco anos de existência
   [solar estou em franca ascensão para ti O Magnífico
na cama   no espaço duma pedra   em Lisboa-Os-
[Sustos

e que o homem-expedição de que não há notícias nos
 [jornais nem lágrimas à porta das famílias
sou eu meu bem sou eu partido de manhã encontrado
 [perdido entre lagos de incêndio e o teu retrato
 [grande!

autografia II

E era uma vez este homem
que era um chevrolet
casado com uma mulher de vidro
que era uma colher de prata
Tempos depois sobreveio uma zanga
que era uma criança nua
entre umas tábuas de passar a ferro
e dois elevadores lindíssimos

Metrónomo   (disseram eles)

Verdadeira saudade pernilonga
o pára-raios pôs-se a esfalfar romanticamente o toldo
de uma máquina de escrever disposta para o amor às
                [quatro no interior de um quarto
que era uma planície redonda semeada de vírgulas violeta
com um pequeno garfo nas costas
que era o amanhecer que é uma árvore
na boca de uma mosca de veludo rosa

Metrónomo metrónomo   (disseram eles ainda)
"é uma árvore é uma pedra que vai começar o terceiro
                        [canto?"

É a aflição dos outros, meu amor.

Lembro-me de tudo como se fosse hoje
as crianças brincavam nos jardins

com um pequeno garfo nas costas
sem dúvida o mesmo de há bocado
e até era domingo   vê   lá   tu
de repente apareceste muito devagar a meu lado
arrastando sem esforço dois aparadores baratíssimos
ai! a minha tristeza não era uma barca
breve houve lapidações em série
com um ligeiro clic de chaufagem aberta
todos os meus irmãos começaram a andar velozmente
                                        [para trás
pobres dos meus irmãos que será feito deles e de nós
                                        [que fizemos?

Impossível saber-se até onde irá connosco a nossa
                                        [confiança
Ficaste, mão que aperto todas as manhãs para atravessar
                                        [incólume os espaços vazios
Ficaste, peito sangrento do mundo largada para o sol
                                        [entre os bichos e eu
tu meu único amor meu amor meu múltiplo amor meu
tu que és uma mesa redonda enamorada dos seus
                                        [próprios círculos
um alcaide sem discos   um maço de cigarros
que se descobriu flor
que se descobriu água
que se abriu de repente
que gritou de repente
que implantou na minha vida de repente a corola perfeita
da desorganização

Não me encontrarás como um anel na curvatura l — Z do
[teu dedo mindinho
nem na treva que exalta os teus cabelos
nem no espantoso *hall* da tua testa fechada
[iluminadíssima
encontrar-me-ás numa nuvem de escamas milimétricas
[em torno da tua boca
com toda a força principal na boca
ou nesta casa   que é um homem morto
rodeado de rostos sempre translúcidos

— Onde está o homem que era um chevrolet
casado com uma vírgula de amianto?
Certo e sabido que anda sobre as águas que o matei sem
[querer
estas estrelas brilham com tal nitidez
que acabam sempre por tornar-se suspeitas

Não importa   transfigurá-lo-ei em poderoso egípcio

Abracadabra!   Vram!   Abracadabra!

Os teus olhos estão belos como a lua dos rios exteriores

poema

Faz-se luz pelo processo
de eliminação de sombras
Ora as sombras existem
as sombras têm exaustiva vida própria
não dum e doutro lado da luz mas no próprio seio dela
intensamente amantes   loucamente amadas
e espalham pelo chão braços de luz cinzenta
que se introduzem pelo bico nos olhos do homem

Por outro lado a sombra dita a luz
não ilumina   realmente   os objectos
os objectos vivem às escuras
numa perpétua aurora surrealista
com a qual não podemos contactar
senão como os amantes
de olhos fechados
e lâmpadas nos dedos   e na boca

a antónio maria lisboa

O rato abriu o interior da cúpula
os amantes acharam água e mármore
criança de olhos de oiro ergue-te e anda
as portas estão abertas   escancarado
o mundo das distâncias incalculáveis
e as palavras sentadas inúteis à porta dos dias
as trémulas palavras ainda quentes
dos machados de seda dos teus lábios
procuram sem cuidado a vertical
da nova supliciada arquitectura

O amor é um sentido! O amor é um sentido!
    O AMOR É UM SENTIDO!

O amor é uma chave que deve perder-se
um burro que tropeça na vastidão dos mares
um solário na areia para soldados meninos
uma luz e uma sombra a cercar-nos a língua
Mas tu chegaste antes das pedrarias
antes de todo o intervalo para o crime
um risco de bondade separava as estátuas
e a treva era paciente no teu joelho

E depois de longo tempo eu te perdi de vista
lá longe, numa fonte cheia de fogos-fátuos

De andaime para andaime o rato PASSA
de estrela em estrela — rumo aos arquipélagos —
uma minúscula mão percorre o espaço

como tu, Duque, deveste correr
a pé os mais altos montes
como ris no Himalaia antes de lá chegarem
com a arca de noé e quatro ou cinco dúvidas
                              [suplementares
os de sempre os
mestres — Mestres em morte! — (Eles agora pensam que é
                              [chegada a altura
de ensinar os montes a ler e a escrever...)

Estrela de Todas as Horas Odasashor — Asest — R

Daqui até Saturno sempre houve muito que andar
a não ser que se tome o caminho mais íngreme
eu tomei — se tomei! — o caminho mais íngreme
a raia da floresta   entre onda e a lua
quando voltei não estavas   só a sombra de um deus
falava da tua força e do teu hábito
Mas hoje as tuas mãos parecem-se comigo

Já não se trata de dançar com os mortos
ou de pedir à vida catedrais
maiores que o outro sono

Já não se trata de elmos e clareiras
onde o demónio grita deslumbrado

Mas de se olhar nos olhos a torrente
mas de tocar com o pulso um sol antigo
lá longe, onde se cruzam as nascentes

a antonin artaud

I

Haverá gente com nomes que lhes caiam bem.
Não assim eu.
De cada vez que alguém me chama Mário
de cada vez que alguém me chama Cesariny
de cada vez que alguém me chama de Vasconcelos
sucede em mim uma contracção com os dentes
há contra mim uma imposição violenta
uma cutilada atroz porque atrozmente desleal.

Como assim Mário como assim Cesariny como assim ó
                [meu deus de Vasconcelos?
Porque é que querem fazer passar para o meu corpo
uma caricatura a todos os títulos porca?
Que andavam a fazer com a minha altura os pais pelos
                [baptistérios
para que eu recebesse em plena cara semelhante feixe de
                [estruturas
tão inqualificáveis quanto inadequadas
ao acto em mim sozinho como a vida   puro
eu não sei de vocês eu não tenho nas mãos eu vomito   eu não quero
eu nunca aderi às comunidades práticas de pregar com
                [pregos
as partes   mais vulneráveis   da matéria

Eu estou só neste avanço
de corpos
contra corpos
Inexpiáveis

O meu nome se existe deve existir escrito nalgum lugar
    ["tenebroso e cantante" suficientemente glaciado
                                              [e horrível
para que seja impossível encontrá-lo
sem de alguma maneira enveredar pela estrada
Da Coragem
porque a este respeito — e creio que digo bem —
nenhuma garantia de *leitura grátis*
se oferece ao viandante

Por outro lado, se eu tivesse um nome
um nome que me fosse   realmente   o meu nome
isso provocaria
calamidades
terríveis
como um tremor de terra
dentro da pele das coisas
dos astros
das coisas
das fezes
das coisas

II

Haverá uma idade para nomes que não estes
haverá uma idade para nomes
puros
nomes que magnetizem
constelações
puras
que façam irromper nos nervos e nos ossos
dos amantes
inexplicáveis construções radiosas
prontas a circular entre a fuligem
de duas bocas
puras

Ah não será o esperma torrencial diuturno
nem a loucura dos sábios   nem a razão de ninguém
Não será mesmo quem sabe   ó único mestre vivo
o fim da pavorosa dança dos corpos
onde pontificaste   de martelo na mão

Mas haverá uma idade em que serão esquecidos por
                                           [completo
os grandes nomes opacos que hoje damos às coisas

Haverá
um acordar

concreção de saturno

vem dos comboios lentos
        do cristal dos gritos
das mãos prodigiosas e dos seios de pedra corrompida
vem do fim das palavras inaudíveis
como um tremor de terra nos ouvidos
girando em tua órbita de agulhas
belo e desaparecido como o café chinês da Póvoa de
        [Varzim dos tempos da minha infância
alto como dois rios inimigos
e perplexo e leal como um cometa arrastando as estrelas
        [podres da memória
para a ponte velocíssima onde geme a farinha deste
        [silêncio
para o latido dos cães de que só resta a baba donde
        [emerges
com os teus préstitos de facas adoráveis setentrionais e
        [unas como orelhas
com os teus lares de vírgulas ferozes
    sem rosto   contra a lua
ó meu barco de sempre
    minha rota suspeita
meu grande ornitorrinco deportado por enormes travessas
        [sem oráculo
por teus chumbos de discórdia   teu hálito seminal de
        [liberdade de homem
de homem-mãe
minúsculo ovo azul na pálpebra secreta dos meus dedos
encontrado-perdido   encontrado-perdido

    no erro dos aviadores quando tentam explicar
determinadas sensações que o andar pelo espaço
causa ao homem

    na festa magnífica de um reposteiro de veludo
preto meticulosamente abandonado à fúria de uma
cama

    nos dois tentáculos de árvore que apesar de
tudo jorram da minha vida às dez e trinta da noite
esperança macho

    nos dias em que marcho sem esperança até que
um grão de areia fura toda a barragem subindo
rapidamente ao coração

Falo de uma montanha presa pela cinta
falo da festa mágica para a morte dos nomes
falo como se a aurora nos banhasse
como se nada houvesse contra nós
como se entre o teu rosto e a minha carapaça não
    [mediasse esta ausência de um grito este lugar
                   [friíssimo e necessário
e falando de ti anémona-menina em qualquer ponto
                            [da praia
falo de ti Saturno antilúnio antimuro antiaspiração ao
                      [desaparecimento

O único fim que eu persigo
é a fusão rebelde dos contrários   as mãos livres   os
                              [grandes transparentes
a primeira coisa que me alegra
é o doce roncar do avião
em cada ave que voa   voa um homem
nunca foi tão exacto falar de realidade
mas a cisão do homem contra o homem instalou a espiral
                                   [do grande assassinato
o bibe das mulheres miraculosas sob o arco voltaico da
                                              [parada
para a consagração do acto macho
para o tan-tan da adoração sem escrúpulos
merda de merda Saturno afixa o teu revólver
arruína a esperança das cidades levando-lhes ao domingo
                                       [o teu rosto suspeito
colore a mão das estátuas cintilantes
já estás grande demais para o teu leito

instala-te de lado o perigo é enorme

barbeia-te com ódio   a barba ajuda

intensamente livre

Intensamente livre o homem dirige-se para a praia mais
                              [pequena que ele
leva na mão um mapa-múndi azul é a custo que desce as
                             [dunas mais pequenas que ele
e sem ninguém que ateste a visibilidade radiogoniométrica
                                       [destes seres
o homem perfura o poço mais pequeno que ele
abrindo o leão de costas que há no fundo do poço
o doce leão alado muito limpo que há no fundo do poço

Como ver este homem   o seu dorso   a sua cabeleira
correria nocturna ao longo de um túnel em transe
onde será verdade onde é rosa íris
que este homem sobrevive
sob o seu talhe mais pequeno que ele
sob o seu pedestal   a sua obscura força militar
e o seu porte   essa porta   essa maçã
de vinagre
essa locomotiva feita armada pronta para surgir
arrastando uma época sem calendários
cheia não só de estradas mas de signos de estradas
estrada-dedal   estrada-violino   corpo-estrada do Rei
                                  [RapAz de Estrada

Há muito que vou com ele por um caminho livre
quem cessará primeiro?   ele?   o caminho?

Este homem que apenas nasceu — este homem
sem lágrimas
voltou-se! é prodigioso o espaço que arde na sua sombra
face árida   lisa   para o incêndio com as mãos

corpo visível

A esta hora entre os blocos de prédios enevoados a bela
               [mancha diurna dos calceteiros na praça
e os dois amantes que hoje não dormiram vão partir nos
                      [braços da sua estrela
à beira do caminho ladeado de sebes de espinheiro
uma carta
uma letra muito fina   extremamente caligráfica
onde a aventura do homem que devolve as palavras que
                      [lhe são remetidas
deixou a sua marca
e o duque da terceira levanta o braço
comentado seguido pelas aves que acordam a duzentos e
                      [mais metros de altura
o que não é ainda a grande altura
sim sim
        não são
                quem sabe

Dentro do grande túnel digo-te a vida
esta nuvem que vai para o centro da cidade leve e rosada
                      [como a proa de um barco
bateira que me traz os dados e a roleta onde no branco ou
                      [no preto devo jogar
jogando-me contigo
malmequer
bem-me-quer
ou muito   ou pouco
                ou nada

o que só com as mãos pode ser soletrado
só nos teus olhos nos teus olhos escrito

Dentro do grande túnel digo-te a vida
o moço que há uma hora não fazia senão fumar cigarros
o mesmo que julgou ter a noite perdida que maçada
sempre encontrou o seu par lá vão eles já no extremo do
                              [outro lado da praça
ilustrando uma tese velha da idade do sol um tanto
                  [impertinente e desde logo minha
segundo a qual no amor toda a entoação da voz humana
          [tende a reduzir o indivíduo receptor ao estado de
                        [serpente fascinada
sem que daí advenha a petrificação estrela cadente
ou qualquer outra espécie de perturbação durável

Eu digo que há tambores
mapa louco riscado sobre a areia
há o desenho de onda que atravessa o dorso da cigarra
há o gato tão limpo e ainda e sempre a lavar-se à soleira da
                            [porta — a tua porta
quando olhas para mim, a trave mais segura, dizes tu, da
                                [viagem —
e no vitral de tudo o que eu mais adoro
a dez mil metros de profundidade lá onde a carpa avança
                          [sem deixar qualquer rasto
há o campo selvagem dos teus ombros
espreitando contra a luz   na orla do rio   a nuvem de
                                  [corsários
que sou eu

vestido de andaluz para o baile em chamas — digo o
                [grande baile do século na ilha

O havermo-nos encontrado na horrível sala dos passos
                                      [perdidos
é o que levarei mil anos a decifrar
o teu cabelo mapa onde tudo reflecte a ronda luminosa dos
                                      [meus dedos
é o santo e a senha do percurso na sombra
o gesto com que voltas de repente a cabeça interrompendo
        [o fio da meada sem que é engraçado hajam batido
                [à porta entrado ou saído alguém
são os astros o sangue e os jardins de Brauner
e a tua mão posta em arco sobre a minha boca
é uma nova rosácea sobre o mar

Livres
digo Livres
e isso é não só a grande rua sem fim por onde vamos
viemos
ao encontro um do outro
a esta casa dorso de todas as casas e no entanto a única
                        [perfeita silenciosa fresca
mas e também as chamas que acendemos na terra
da floresta humana
não só ao longo dos álamos gigantes e das clareiras mais
                 [espectaculares — aí a memória é fácil —
mas na erosão física de cada folha no vento
tudo o que teve terá a sua vez connosco
a haver de nós a mesma dádiva recíproca
porque tu vês

de costas para a janela   tu que disseste:
             "vai haver uma grande guerra"
             "nenhum de nós eu sei escapará vivo"

vês tão bem como eu o pouco que isso vale, na muralha da
                              [china onde ainda estamos
nada é de molde a tapar por completo a figura de bronze
                              [enterrada na areia
o écran que floresce
como tu   como eu   nos tubos que dissemos
fizemos
faremos   acordar
                    até quando?

Amor
        amor humano
amor que nos devolve tudo o que perdêssemos
amor da grande solidão povoada de pequenas figuras
                              [cintilantes
digo: a constelação de peixes rápidos
do teu corpo em sossego
seja ela a aurora halo multicor
seja o perpétuo real ceptro branco da noite
seja até porque não a luz crepuscular com o seu chapéu
                    [preto as suas hastes mudas

Começa a ouvir-se o canto da cigarra
sinal de que foi pisado o botão entre os limos
estão presentes ao acto todos os seres vivos e entre esses
                    [aqueles que nos foram queridos

na maré límpida que nos impele sabe o polvo dos mares até
                          [onde e se haverá regresso
em qualquer lado   a última janela fotográfica
as mãos do faroleiro
como a locomotiva no seu túnel
mas não há senão o teu rosto o teu rosto o teu rosto ainda
                          [e sempre o teu rosto
como é fácil   como é belo
        A Vida Inteira   Meu Amor
                          SOMOS NÓS

O cigarro do anúncio luminoso adoeceu deveras já não
                          [fuma o espaço
a uma certa velocidade calma
o atrito longo e agudo dos eléctricos moendo calhas
diz-nos que amanheceu
na sua torre de londres o relógio da estação do rossio
                          [adquire decidida importância
amanheceu   é óbvio   amanheceu
da nossa viagem ao país dos amantes já não resta senão
                          [esse penacho de fumo
que ameaça evoluir de acordo com a paisagem
uma fábrica   ou antes   na janela entreaberta
a mensagem do pássaro-extra-programa
que toca desafinado a fabulosa ária O Mundo Conhecido
e faz baixo cifrado com a diva local A Lágrima aos Leões

Agora somos pequenos e inúmeros e percorremos o espaço
                          [com gangrenas nas mãos
e intentamos chamadas telefónicas

e marcamos de novo e desligamos depressa
e tu pões uma écharpe sobre os ombros
e eu visto o meu casaco e saímos de vez
porque nós somos a multidão a que eu chamo
o homem e a mulher de todos os tempos áridos
e como sempre não há lugar para nós nesta cidade
esta ou outra qualquer que de perto ou de longe a esta se
                                                                [pareça

O regresso é sempre assinalado por esta negra actividade
                                                           [carfológica
verdadeiro sinal-emblema destes tempos
em que a evidência necessita de invólucro
para não morrer na estrada
junto às rodas do avanço a golpes de clarim reinvenção
                              [espantosa masculina da morte
ou nos carros do clube As Mãos no Sexo
junto ao qual   admira-te   vivemos
O problema não passa da sua fase primária:
um — o crocodilo
e dois — o *clou* do arame
se bem que esta velha raça de acrobatas anões
devesse dar por terminada há muito a sua nobre facécia
                                  [sobre a cúpula em chamas
dividir o homem
pôr-lhe à direita a luz a assistência aplaude pôr-lhe à
                [esquerda a sombra a assistência treme
de tal modo que a meio da operação cabalística

em silêncio e miséria em medo e melancolia o homem
            [atinja bravo bravo bravo a imobilidade do
                              [sepulcro
após o que rocegagem do arlequim de plumas
e iluminação de todos os fósseis mais antigos

Convenhamos meu amor convenhamos
em que estamos bem longe de ver pago todo o tributo
            [devido à miséria deste tempo
e que enquanto um só homem um só que seja e ainda que
            [seja o último existir DESFIGURADO
não haverá Figura Humana sobre a terra
— A ensombração maligna de certas lágrimas quando a
            [alegria é mais resplandecente
não deve ter outra origem
no centro do diamante o pequenino carvão venenoso é
            [quanto basta para perder a vida
e no entanto nós meu amor partimos
livres e únicos no altar da estrela que só nós podemos
mas por este lado estamos presos à roda como a lapa não
            [o está na sua rocha
e na cama-beliche desfeita da viagem floresce a sono
            [solto uma flor especiosa
décor para a entrada pela esquerda alta da figura do
            [Homem Sufocado
o homem que nos fala de apagador na mão doce chapéu
            [cinzento rosto impermeável
impossível sair impossível passar ele quer ir connosco até
            [aos confins da terra

Contra ele meu amor a invenção do teu sexo
único arco de todas as cores dos triunfos humanos
Contra ele meu amor a invenção dos teus braços
maravilha longínqua obscura inexpugnável rodeada de
                    [água por todos os lados estéreis
Contra ele meu amor a sombra que fazemos
no aqueduto grande do meu peito   O MAR

um canto telegráfico

Este passo encontrado que nos guia entre as mesas
este chegar tão tarde às pontes levadiças
para uma exposição de rosas no nevoeiro
este eterno trabalho de dadores de sangue
é o que mais nos defende do massacre
vá   recomecemos
do ocasional gemido do fantasma eriçado
as notas principais:

pendurar numa árvore o rio capitoso de tantas lágrimas
descer de chapéu na cabeça até ao patamar
dizer para sempre aos cabelos da noite
que basta descalçar lentamente um sapato
que basta ter achado atrás do travesseiro o relâmpago
                    [azul do contacto com as mãos
ou ter ido seguro por lençóis de linho a devastar de
                    [arbustos as solidões do teu corpo
do qual recordo ora as mais vivas carícias ora um mar
                    [interior de grande obscuridade
feito de todo o mármore do mundo de toda a areia
  [que sobra do mundo erguido para o silêncio que
    [estrutura o dorso de todas as paisagens belas
                    [frágeis no mundo
descer depois já a chorar de medo e a tremer de amor todo
                    [o lado de cá
chegar de rosto na água a aparecer às janelas
com um capuz no sítio da cabeça

ah   um automóvel!

Nós vivemos há muito nesta nova espécie de caverna
                                [bruxa
alta pelo silêncio que nos veste
real pela erosão de um sol peculiar que ilumina o recinto
                                [intermitentemente
um sofá que não é para aqui chamado
também podia servir de modelo à ampla descrição do
                                [fenómeno a luz
que nos excede e emite   nos liberta e sufoca
depois há um que entra a perguntar o que é
e tudo assume um pouco o ar policial
dos casacos em fuga pela realidade fora

Merecemos o nosso passo de bichos de dilúvio
merecemos que nos ceguem todos os dias
merecemos estar sozinhos rodeados de prédios
merecemos ter connosco toda a vontade
fim   princípio   moleza de costumes
assassinatos   histórias de basílicas
e até   porque não   dominicais
mas como não gritar à passagem triunfal do Grande
                                [Monstro Parado
como sermos bem nós e a *localidade*
muito bem disfarçada de *necessidade*
pela subterrânea passagem que é nossa
como não aspirar a um ponto do espírito   um ou outro
em que a deflagração cristalize uma rosa ascensional

e como são as palavras para dizer que te amo
fantasma
cidade doida
braço contra as nuvens
alta promessa minha
sempre em vão coroada

Apetece contar uma história tão estranha, que as pessoas
                       [saiam aos tropeções de casa
apetece anunciar com voz fanhosa
cronologicamente   cruelmente
todas as horas do pasmo
todos os dias do calendário do medo
todas as terças-feiras da angústia de haver rosas
todo o fumo e toda a raiva de um relógio de sol
Tomaram-nos o pulso e ficámos febris
com o amor que não há a inundar-nos a cara
este amor não esquece   este amor
não se esquece   há um rato
na tua camisa   o céu brilha   o céu está
os amantes retomam os seus quartos
num plácido e extenuante recolhimento gráfico
mas não basta encostarmo-nos à parede
para que tudo ressurja   e vestir de novo as fardas
a imaginação ainda não é
para servir de pedreiro   A Imaginação
as radiosas salas superiores
através da cidade   nos jardins   nas gárgulas
abre-se o leque das mil cenas celestes

com o homem na ponte cor-de-rosa velho
as mãos na água   a cabeça no mar

Onde é sem partilha este verdete
esta limalha que nos sobem à boca
onde é esta verdade que empurra as estrelas
para intransponíveis mundos transportadores
uma última vez despedaçados amemos
amemos a nossa pedra o nosso olhar de mil cores
o mármore sem remédio das figuras bloqueadas
como são as crianças e os gigantes
uma última vez e mais estranhos
mais desertos de enigmas mais atrozmente firmes
sob a opulenta folhagem dos soluços

Dir-te-ei que os meus dias foram os teus dias o teu leito o
                [meu leito o teu corpo este mar
dir-te-ei que há uma rosa oculta num jardim e que ela é
                [uma e outra como nós fomos
estas pétalas são os teus olhos fechados
são as ondas por onde sopra o vento e nasce a cor da
                [aurora e o grito gelado das coisas

Dir-te-ei   foi agora
cintilante   mortal   contado a fogo
e breve
rigoroso

Na sombra repousante
os teus olhos   os teus

vãos pensamentos
como um leito avançando sem suporte
ou um navio perdido do dono

Tu partirás primeiro   de lado   contracenando
e arrastando contigo toda a paisagem
vejo uma águia assustadoramente voando alto
na retina
do vento
vejo o que foi permitido: tocar o horizonte

Amanheceremos fantasmas doutro teatro de sombras
seguiremos imóveis   caindo por distracção
de amarra para amarra   tomaremos o eléctrico
para o fundo da Terra cidade lúcida e quente
e aí expostos de novo sempre à fúria de curiosos engenhos
                                    [destruidores
interceptaremos outra vez a vida
digo-te sim faremos girar a Terra
com o polegar nos pólos canto telegráfico só captável pelo
       [ar do Karakorum, entre os gelos gigantes do Tibete
e o indicador no céu realizando o futuro da harmonia
para além de uma lágrima   de um adeus com os olhos
numa estação sombria   vomitando morte

Dito isto fica um grande espaço vazio
onde não chega o mais ligeiro canto
onde o homem está só   não já de corpo ou de espírito
mas de todo o murmúrio e todo o espasmo
e então sim contra os vidros

o amor soluça tempestade
deuses cegos assomam às janelas e tombam
sobre o odioso chão que ladra e ladra
uma aurora de cães afivela o teu pulso
e a cobardia responde à cobardia
como a coragem responde à coragem

Um pouco   de   certo modo   por toda a parte
há homens desmaiados   ou simplesmente mortos

O AMOR REDIME O MUNDO   diziam eles

mas onde está o mundo senão aqui?

pena capital

O Poeta, exorcismando no seu atelier nos astros:
das páginas do livro jovialmente aberto
primeiro os pés   depois a cabeça   sais tu
não estás nada parecido
mas és sem dúvida o que se pôde arranjar

Olho-te no meu espelho de atravessar os mares
olho-te com simpatia   com anterior amizade
respiras
tu respiras!
e deste um passo para o lado como quem chega
um pouco mais a si o seu ar pessoal

Caramba caramba António
já estás muito mais parecido
ou então era eu que não me lembrava
Olha hoje o teu clima está magnífico
olha vamos sair desta cidade
onde o teu clima é sempre para dividir por cinco
vamos para as praias da alma arrebentar-nos vivos
vamos ser os heróis duma tragédia química
e convidamos o Azul por uma questão de princípio

O Azul, entrando:
Azul criado incriado
azul de todas as cores
dos caminhos anteriores
ao mistério revelado

António, erguendo-se agressivo:
Tu não és o azul tu és a morte
tu
estás feito com os meus olhos
fora daqui para fora
desaparece ou passo-te o automóvel em cima

O Azul:
Teus olhos lugar geométrico teus olhos estrada marinha
teus olhos vivos por dentro teus olhos treva exemplar

António:
Fora! Fora!

O Poeta:
Então que é isso rapazes estamos atrasados
toca a andar para o comboio meu amigo
e tu António cautela
já estás mais que parecido vai ser mau continuar

> *António chora, contrariado. E assim vão para o comboio, que os leva para o mar.*

O Mar:
Eu faço a tempestade...

O Poeta:
Oh!

O Mar:
Eu, só, criei a terra por retirada minha...

O Azul:
Oh!

O Mar:
Eu dei o nome às pessoas...

O Azul e o Poeta:
Oh!

O Poeta, para António:
O Mar não dá nada às pessoas
O Mar é mau
O Mar o mais que dá é uma alma
negócio de bruxas — rrrrr

O Mar, para António:
Escuta, corpo meu, meu filho natural...

    António entra na água.

O Poeta e o Azul, ajoelhados na areia:
Deus o guarde do Espírito do Mar!

António, gritando no banho:
Quando eu for pequenino aumentará o mundo
Tudo me será dado por acréscimo!

Passa uma flor perseguida pela Morte.

Flor:
Bom dia, boa noite.

Desaparecem. António volta do banho, António, O Azul e O Poeta comem figos e é chegada a hora da lição. Dão-se humanidades, germânicas e ciências naturais. O Azul ponta a lição servindo-se de um livro especialmente disposto.

O Poeta:
Pão a cozer...

António:
... Menino a ler.

O Poeta:
Fogo na palha...

António:
... Canta o canalha.

O Poeta:
Pouca atenção...

António:
... Cornos no chão.

O Azul, virando a página:
Virou!!

O Poeta:
Enterocolites...

António:
... Frederico Nites.

O Poeta:
Delirium trémos...

António:
...Dá cá os remos.

O Poeta:
Externo-cleido-mastoideu...

António:
... Foi uma mulher que o perdeu.

O Azul, virando a página:
Virou!!

O Poeta:
A noite...

António:
... Não me lembro...

O Poeta:
A noite...

António:
... É o corvo em liberdade

O Poeta:
A Águia...

António:
... É o amor na cama

O Poeta:
Os Poetas...

António:
... São os mais fortes condutores-isoladores da corrente
[poética

O Azul:
Novalis.

> *O Poeta abraça António dando por finda a lição.*
> *Passam então, em velocidades conformes:*

Um barco a que faltam os pulmões
Goethe em cima dum plinto onde segue também o seu
[segundo Fausto
Um Frade que arrasta Ofélia pelo bico.

Reaparece a Morte com a Flor na lapela.

António:
Salvemos Ofélia!
Salvemos a pureza que vai pela mão
Salvemos o doce cabelo
Salvemos, pelo menos, o braço.

Corre atrás do Frade que puxa dum pau e dá para baixo bem em cima da cabeça de António que se agarra ao Frade e luta com ele, esquecendo-se ambos de Ofélia, que se atira ao mar.

António, largando o Frade:
Ofélia! Ofélia!

O Frade desaparece transformado em lobo.

António, chorando:
Poeta!...

O Poeta:
Não.

António, chorando:
Poeta!...

O Poeta:
Não.

António lança-se ao Mar, onde flutua ainda o branco corpo de Ofélia. O Poeta e O Azul impedem-no de se afogar dançando com ele animada sarabanda que em estreitos movimentos circulares os começa a subir pelo espaço fora.

António:
Olha olha os países.

O Poeta:
Não são mais do que três.

O Azul:
Eu vou acelerar vertiginosamente.

Acelera vertiginosamente. António começa a vomitar nuvens de borboletas brancas e azuis, e a cabeça pende-lhe ligeiramente para o lado, forma expressiva de dizer que não se sente bem.

O Poeta:
Dança! Dança! Dança!

O Azul:
Marialfabeta
Iowanalfabeta
Ariana alfa beta

Os Astros:
Um, três, cinco, sete, dez!
Dois, quatro, cinco, oito, um!

Voz, dentro duma nuvem:
Deixem passar Deus! Deixem passar Deus!

> *Passa Deus, seguido dos seus Anjos e dos seus Animais.*

António:
Eu amava, tu amavas, ele amava...

O Poeta, analisando à lupa os olhos de António:
De olhos para olhos a distância aumentou.

> *Passam então por um pequeno Olimpo que anda a voar perdido de referências. Os Deuses abandonam os jogos do costume e montam observatórios-
-periscópios por onde estudam o grupo voante. Zeus consulta a Máquina de Consultar Os Astros. A Máquina de Consultar Os Astros diz o seguinte: Um, dois, dois, três, um. Das janelas dos terraços alguns Deuses mais importantes escrevem em alvos cadernos individuais observações pertinentes sobre o número e o propósito dos intrusos.*

Caderno de Ares:
Tudo o que usa chapéu lhes diz respeito

Tudo o que à noite brilha conta com eles
Todo o anjo vestido de diamante
Toda a hora de luto e crueldade

Caderno de Zeus, em caracteres estenográficos:
São mágicos cartógrafos amando
pelos bolsos das calças A Montanha

*Caderno de Afrodite Anadiómena. (Letra crispada,
irregular, denunciando perturbação):*
Vêm da Terra! Nada
pode já salvá-los!
Nem as Torres do Reino das Pacientes Esperas
nem as rosas da mais solene exéquia!
Pelo espelho das suas pernas nítidas
pela curva dos seus braços   desce um pássaro
de límpida memória
e uma frota de cardos luxuosíssimos
segue-os para sempre   para toda a vertigem

Caderno de Afrodite Urânia:
São quatro! QUATRO! Aliás, cinco mil
pronunciados por crimes de aparição na duna
junto à terra da Ilha dos Amores
na pálpebra de sol que me deixaram
vêm exaustos de esperança, exaustos de água,
respirando pelas mãos, ouvindo atônitos
a música da guerra que levantam

Zeus, num grito:
Que cesse todo o trânsito
entre um corpo e outro corpo
RODA E ESTRADA!!

Uma Vendedeira de Fruta, fechando as portas do Olimpo:
Estranha gente. Sem música. Sem armas
e bela, apenas, da sua própria beleza...

O Poeta, num murmúrio:
Para uma boca, outra boca, para um leito, o telhado.
Nem sempre, como se diz, a batalha é de flores.

Passa lentamente uma rosa.

António:
Olha olha uma rosa.

O Poeta, num repente:
As rosas deviam deixar de saber tão bem que são rosas
As rosas incomodam-me quando se põem assim
Com o ar de quem diz: Olha, este não é uma rosa no seu
[jardim

O Azul:
Ó rosas catedráticas!   Esplendorosíssimas rosas!

António:
Morte, morte, morte.

Dito o que, desfalece. É óbvio que vai morrer. O Poeta e o Azul carregam-no para cima de uma cama de folhelho, acendem duas candeias e velam a seus pés. Um vulto muito alto que parece pairar na vastidão dos ares, mas que em verdade se dirige para eles a uma velocidade vertiginosa, é A Morte.

António, delirante:
Poeta! Meu Poeta!

O Poeta, deitando sangue pelos ouvidos:
Eu vejo! Eu vejo! EU VEJO-TE!!

O Azul, soprando as candeias e gritando no escuro:
Dança!

O espaço tem agora a cor dos olhos de António.

Voz do Mar, falando de baixo:
Eu sei as bodas químicas do princípio e do fim
Eu, só, criei a Terra por retirada minha
Eu sei os grandes espaços intervalares
Eu sei Ofélia...

António:
Ofélia...

O Poeta:
Muito parecida, António, muito parecida.

Voz da Terra, falando de baixo:
Ah se toda a viagem fosse para mim
e todos os navios me buscassem!

A Morte, tocando a fronte de António:
HOME SWEET HOME

> *António morre.*

> *O Azul, o Poeta, o Desmaiado e a Morte descem em lentidão pelo ar abaixo.*

Voz, dentro duma nuvem:
Não deixem passar Deus! Não deixem passar Deus!

> *Não passa Deus, seguido dos seus Anjos e dos seus Animais. O Poeta regressa ao seu atelier nos astros, que a sua governanta encheu de flores. Faz café, que ingere em goladas pequenas, sentado abstracto em cima do telhado. Chora um pouco e murmura, olhando o céu escuro:*

Sou um rio injusto, com margens de labaredas,
Se me navegam, gelo, se me fogem, queimo.

> *Assim acaba este estranho poema, o último de nome religioso escrito pelo Autor.*

autoractor

Entre o amor que mata e o amor que se mata
descem rápido o pano do 4.º acto
é o fim
contando que nos deixem representar ainda
o formoso episódio do encontro no bosque
imagem do nosso trânsito   único magistério
tirado da nossa água e feito com ela
idos cada vez mais ao nível da fénix
em carne e sangue vivos ao pé de nós descem rápido
o pano do 4.º acto
na plateia vazia sentou-se a metralhadora
e esta?   não era costume
personagem tão nobre entrar assim
quando a peça vai ainda no ensaio
e das intenções do autor por ora falam apenas
os olhos em forma de til do prédio em frente

Do que me conta à noite a cabeça de corvo dos séculos
                                      [dos séculos
(teu pai o sol tua matriz a lua teu filho o mais capaz o
                              [mais esbelto o mais livre
etc.)
a morte morte mesmo entra pelo tecto
tum
recondução do corpo ao estado de corpo
comissura dos lábios e da caliça
os actores o autor a criançada e os outros
(se há alguns reis então é um sucesso)

procedem à reverência
procedem à profunda reverência
a esta bem conhecida ou como tal celebrada comissária
    [indutora das coisas sublimes de cima e das coisas
                              [sublimes de baixo
a morte agradece soluça voa pelos camarotes estende
              [alguns pelo caminho contentíssima
e volta de novo a sentar-se

Assim era no tempo dos imperadores
e das primeiras repúblicas
aviões baratos e fortes, de fumaça anestesiante
ronronavam à entrada das cidades
para que não florescesse no canteiro errado
Melmoth o homem errante
testa de assassino
cara de labareda
perfil de suplício
boca de tempestade
à imagem e semelhança dos vinhos mais espumosos
e comprimidos
certos homens por sua forma e cheiro nunca admitidos ao
              [espectáculo de gala da nova comida
rebentavam de vida por asfixia
e culminado o total pelo voo rasante de um que outro
              [percebes perdido da base
aos domingos explodia a televisão
os aterrados cristos da hora do suplício
eram sempre os primeiros a desfilar
mas seguiam-se logo os primeiros do artefacto

os tac os pim pam pum os febre os injecção
e os anúncios
Sobre esta metafísica do braço picado
e remindo a mão pífia do artista atacado do célebre mal de
[piano
ainda hoje ondula a bela cabeleira de Beethoven
e algumas revoluções emergiram daqui o melhor do seu
[vernáculo
fora no entanto com a morte que vem pela mão da morte
o que se passa em cena nunca a morte o saberá

A cena representa
um rio à beira do rio
do festim que houve restam muitos sinais
no tronco de carvalho que vai à deriva
os lagartos pintados filhos da aranha de gala
tiram as sobrancelhas uns aos outros
ainda não é noite mas também
logo se vê que ainda não é dia
o mágico conduz o músico ao bufete
no sítio da cascata de obrigação estás tu a cena
[representa
os portadores de imagens
o primeiro edifício é um cinema pobre
que dá para a grande praça do obelisco
aqui tudo é mistério
contam a tropa do califa hassein
à ordem de rodolfo valentino
os fumadores estrangulam docemente a rainha
em costume escarlate   cigarros sobre cigarros

no sítio da cisterna de obrigação estás tu a cena
                              [representa
a viagem por mar
tu levantas o vento dos corredores e fechas-te no quarto
                              [toda a manhã contigo
tu procuras a língua original e tombas num abismo de
                              [translação de corpos
chegou ao fundo a falua dos beijos
quem sair dela será rei do mar a cena representa
o desastre no moinho
minúsculas entidades postas de perfil para resistir mais
                              [tempo ao vento da eternidade
escalam os tempos de vida do poeta
lá em baixo parece que passa a tropa
trata-se na verdade de assassinato
saem a passo filósofos ratazanas terrinas de acesso duplo
                              [viagens ao conhecido
e extraordinariamente   nos grandes dias felizes
sai a intentona subliminal da arte
na cela do vadio
implorando o milagre da ascensão do sol
doutor entregue às penas para sempre livre estás tu a cena
                              [representa
a oração da noite
que todos os dias começa no lado setentrional do
                              [quadrado da praça dita D. Pedro IV
e todos os dias acaba no lado norte do Jardim de Santos
à tua sombra avançam todos os meus gritos
de único muezin mil léguas em derredor
e ao pé de ti não há memória válida

*ao pé de ti é a hora de partir sempre
não sem motivo choram na cadeia os velhos cristos de
[olhos purulentos
e a palavra de eterno deita sangue pela boca
e a noite faz à lua uma estrada limpa
és o tronco lançado pelos da mala-posta às rodas da
[carruagem
ergues-te e andas sobre toda a cidade
e a operação do fumo
o não-mais-drama   o corpo
que se espacializa
esta aurora total a que chamam lepra
mil vezes a despimos e vestimos de novo
nós   a fazer e a desfazer o leito
onde abraçados emergimos dos mortos
em direção ao dos pés para a cabeça
norte   sul   orion   a ursa   Revolução   a cena
[representa
(a cena final representa)
o cão em cima da árvore*

em baixo corre o rio da pestilência

Bravo
sobem enfim o pano do 4.º acto
não foi de todo inútil a objurgatória anterior
começa a fuzilaria
tá-tá-tá

buum
trá-trá
BUUM

What a proud dreamhorse pulling(smoothloomingly)
                                                     [through
(stepp)this(ing)crazily seething of this
raving city screamingly street wonderful
flowers...*

Pois   mas agora são os adereços que faltam
a cara de levar tiros   o gato que tudo sabe
e tudo deita a perder
e onde estão os teus fatos os teus feitios inúmeros de dizer
                                                                              [alto
que os homens e os bois são duas coisas distintas
porque se os homens suam e dejectam e PUXAM
os bois puxam para a frente e os homens puxam PARA
                                                                                   [CIMA
de onde o instinto aeronauta da espécie
que aliás não ofende o boi pois ágeis e pachorrentos
têm esposas célebres chamadas vacas
e uma quinta é sempre bonito de se ver do ar
Sim não há negar que
a cena vai subindo de luz e de coragem
e como diz no telhado Jean-Arthur Rimbaud

[*] E. E. Cummings

já não se ouve nada   o tacto desapareceu
ainda somos nós lívidos insurrectos
a mais doce e a mais áspera intimidade do homem?
ainda somos nós o tesouro violento
com todas as formas de nuvem e de barco secreto
apenas esperamos
ninguém pode dizer que não nos vê
sentados a conversar com o leão de Nemeia
eu procuro do lado dos quarteirões desertos
tu pareces a igreja de S. Domingos a arder

estado segundo

X

Uma fonte

Alta, esbelta, resistente

arte de ser natural

ilumina agora o céu escuro

Para que não esqueçamos

A origem das pequenas invenções

e o suave e macio deslizar de uma pena tubular
encerrada, sempre húmida,

Da arte de medir o tempo

XVII

O fogo, rapidamente ateado pelos barqueiros, atingiu enfim a outra margem: os peixes fogem em sobressalto apinhando-se em cima duma rocha onde, julgando-se seguros, contemplam o espectáculo. A casa, realmente, está a chegar ao fim. Só as paredes mestras resistem ainda e com elas um pequeno guarda-chuva preto abandonado na confusão do incêndio. Os bombeiros envidam esforços sobre-humanos para salvar de entre as ruínas o pequeno objecto, juntando-se-lhes uma multidão ululante e caótica. Furtando-me às Magirus furo as chamas e levo-o. É sensível e triste como uma criança. Desenvencilha-se da mão que lhe estendo para diligenciar andar sozinho, embora não tente fugir e caminhe sempre a meu lado. As últimas derrocadas e as sirenes dos carros, no lado de lá da cidade, parece que saúdam a urgência da nossa fuga e da nossa boda.

XXI

Ama como a estrada começa

planisfério

passagem do anti-mundo dante alighieri

I

O amor que é só o amor é já o inferno
diz Dante
mas isso era antes de ser traduzido pelos palhaços
era quando os Titãs asseveravam
que só no interior de grutas inabordáveis
sob gigantescas moles de granito
haviam conseguido viver livres

Era quando o inferno queria ser inferno
e para aborrecimento dos tenentes do empíreo
não havia a menor possibilidade de drama
depois houve e logo um fez a todos palhaços
os que estavam em baixo alaram os pés, para cima
os que estavam em cima puxaram a pista, para baixo

Fez-se um grande intervalo
este intervalo onde ainda hoje a Terra rola à força de vácuo
com homens que crescem e minguam pela força de inércia
                                      [do vácuo
abandonados pelos grandes faz-tudos
que riem lá muito em cima e ainda mais lá em baixo

E que quer dizer isso de amor só amor?
partes alíquotas de dois na cama
que Dante nunca viu aos pés de Beatriz

Petrarca também não ao pescoço de Laura
Abelardo esse então no ventre de Heloísa

Tudo isso são histórias de encarregados
que andam a ver se não pagamos a conta
se damos sem vencimento a letra antiga
marcada a hebraico na carcela da história
São contos miseráveis de miseráveis
com vinte e cinco séculos de ódio ao corpo
o único transporte navegável
a única matéria que se aguenta
e aguenta
com dentro dele a linfa que varre tudo

O amor que é só o amor é já o inferno?
Bandido

Inferno é o nome do primeiro amor?
Vadio

Vós que entrais perdei toda a esperança?
Gatuno

II

Primeiro segundo terceiro quarto quinto
ao homem dos elevadores o cuidado de prosseguir
mas que amplexo de homem poderá dividir
somar

subtrair
o amor seu amor   todos os braços da esfinge?
essa que quatro ao raiar da manhã
essa que dois ao longo do sol a pino
essa que três quando caída a noite
os passos voam no areal do tempo

O amor só amor é já o inferno
diz Dante
mas é o amor que é um fogo devorante

Não me refiro à prestação do calor
o pra baixo e pra cima também os êmbolos fazem
e todos os dias vêm navios ao mundo
Refiro por exemplo a estrela sextavada
que há no corpo do rio que é o amante
é aí que o amor é um fogo devorante

III

Aqui o limbo além o paraíso além o inferno
que cheiro a despegado meu general

Eu   todos os meus anjos vão juntos para a guerra
se falta algum é como faltar o chão

passagem

Um marujo　　　　　　rebelde

　　　　　　　　　　　em busca de

　　　　　　　　　　　　　　　　　pólen

uma camisola

　　　　　　　　　　　　　　　sob os nossos pés

A CIDADE

　　　　　　　　　　　E a

　　　　　　　　　　　　　　Ave de Plumas de Ouro

E

　　　como

　　　　　　quem

　　　　　　　　se

　　　　　　　　　　abandona

　　　　　　　　　　　　　　luminoso e mais belo

    o homem

                descobre

    o metal do futuro

              uma

                      nova cintura

          verdadeiro

          amor

          fenómeno

          micro eléctrico

          raramente visto

          o barco salva-vidas

          isolado

          perfeito

voz numa pedra

Não adoro o passado
não sou três vezes mestre
não combinei nada com as furnas
não é para isso que eu cá ando
decerto vi Osíris porém chamava-se ele nessa altura Luiz
decerto fui com Ísis mas disse-lhe eu que me chamava
[João
nenhuma nenhuma palavra está completa
nem mesmo em alemão que as tem tão grandes
assim também eu nunca te direi o que sei
a não ser pelo arco em flecha negro e azul do vento

Não digo como o outro: sei que não sei nada
sei muito bem que soube sempre umas coisas
que isso pesa
que lanço os turbilhões e vejo o arco-íris
acreditando ser ele o agente supremo
do coração do mundo
vaso de liberdade expurgada do mênstruo
rosa viva diante dos nossos olhos
Ainda longe longe a cidade futura
onde "a poesia não mais ritmará a acção
porque caminhará adiante dela"
Os pregadores de morte vão acabar?
Os segadores do amor vão acabar?
A tortura dos olhos vai acabar?
Passa-me então aquele canivete
porque há imenso que começar a podar

passa não me olhes como se olha um bruxo
detentor do milagre da verdade
"a machadada e o propósito de não sacrificar-se não
            [construirão ao sol coisa nenhuma"
nada está escrito afinal

poemas de londres

outra coisa

Apresentar-te aos deuses e deixar-te
entre sombra de pedra e golpe de asa
exaltar-te   perder-te   desconfiar-te
seguir-te de helicóptero até casa

dizer-te que te amo amo amo
que por ti passo raias e fronteiras
que não me chamo mário que me chamo
uma coisa que tens nas algibeiras

lançar a bomba onde vens no retrato
de dez anos de anjinho nacional
e nove de colégio   terceiro acto

pôr-te na posição sexual
tirar-te todo o bem e todo o mal
esquecer-me de ti como do gato

olho o côncavo azul

Olho o côncavo azul do firmamento
é tarde
um sobretudo agita-se para os lados de alcântara

Felizes os que morreram canta um sino
e com certo compasso certa razão se se pensa
na quantidade de espaço ocupado
pelos que sopram coisas há séculos debaixo de terra
os que vêm aqui fazer eternidade grandes ovas do espírito
e não levam para lá coisa nenhuma
nem um pequeno vaso   uma estatueta de bolso
um balão de criança que é tão leve
nada
porque o lá não existe   lá, nós que carreguemos
as mil missas em ré do bicho-de-conta
as quinhentas pinturas do mão já nenhuma
o bilião de palavras do caveira três
e mais os planetas desertos, que também mandam coisas

Felizes os que morreram   realmente   ó sino
mas mais felizes ainda os que mataram
mais felizes os que ergueram à altura simples do corpo
                                [punhal fundente
as molas sete e oito da grande máquina
e a quebraram nos ossos do espectáculo
porque ele é a usura
da noite de cavalos submergidos no lago
a estrada contra-curva

onde Harcamone passa a caminho do teatro
a uma mesa de mortos galvanizados

Porque a poesia não é para galvanizar isso
a poesia   a poesia
o recôncavo azul do firmamento
que é negro
e outras coisas mais
se ainda é tempo de ver por cima do prato
os vigia   os paloma   os clandestinos   os lâmpara
os invisíveis anjos guardadores
do trabalho que não pode ser adiado
e não esta linguagem de lamento esta linha de rogo que
                                  [frustra a voz
não este verso exposto a mil vagares na almofada branca
                                  [de uma página
mil vezes decapitada na praça pública
em oitavas e quartas paralelas e sétimas dominantes
                                  [cheias de horror
e ainda assim contentes
de bailarem em torno do seu próprio círculo
mas o que na manhã só uma vez quase ouvimos
um para o outro
um dentro do outro
mais interiores à magnificência da espécie
do que aos espaçosos e nobres labirintos do canto

being beauteous

O meu amigo inglês que entrou no quarto da cama e correu
                [de um só gesto todas as cortinas
sabia o que corria
digo disse direis era vergonha
era sermos estranhos   mais do que isso: estrangeiros
e tão perto um do outro naquela casa
mas eu vejo maior   mais escuro dentro do corpo
e descobri que a luz é coisa de ricos
gente que passa a vida a olhar para o sol
cultiva abelhas no sexo   liras na cabeça
e mal a noite tinge a faixa branca da praia
vai a correr telefonar para a polícia

E não bem pelas jóias de diamante os serviços de bolso e
                [as criadas
digo ricos de espírito
ricos de experiência
ricos de saber bem como decorre
para um lado o sémen para o outro a caca
e nos doces intervalares
a urina as bibliotecas as estações o teatro
tudo o que já amado
e arrecadado no canto do olho a implorar mais luz para ter
                [sido verdade

O meu amigo inglês não se lembrava
senão dos gestos simples do começo
e corria as cortinas e criava
para além do beijo flébil que podemos
a viagem sem fim e sem regresso

ode a outros e a maria helena vieira da silva

Sol de apaziguamento   sol gelado
sol coberto de beijos só uma vez na neve
que começou a cair às quatro da tarde em Lausana
tinha eu acabado de arranjar hotel
às oito da noite em Grenoble

Era uma noite quente de princípio de estio
com uma cor de folha muito junta
as pessoas tomavam coisas era festa
eu tomava nos braços um poeta
que ia fugido em direcção a Marselha
de auto-stop ia ele com uma mala
o que não nos fazia mais felizes
e depois fiquei só ao pé daquele rio
que falava espanhol sempre que lhe tocavam

Tudo na Suíça! Tudo pela Suíça!
Anoitece e as primeiras idades do mundo
levantam a cabeça por cima de Évian
o próprio lago Léman
não é o que parece à primeira investida
a 30 de Fevereiro   sob a névoa   oferece
a paisagem perfeita de um oceano
um pouco mais pequeno que *nature* é certo
e um pouco mais ao norte também digo
mas só lhe chame lago quem não sabe
e eu soube-o há duas horas comovidamente
que dormem nele as presenças primeiras

do casamento do mundo
os primeiros ensaios da matéria
em direcção à boca actual do homem

Se to dissesse não acreditavas
mexe-se com um dedo ao de leve na pedra
e começa a aparecer
um pé vi eu capaz de esboçar de um só traço todas as telas
                             [sombrias de Rembrandt
uma pata preta com garras
vi também uma boca de orador antigo
com dentes do tamanho das tuas pernas
no dia em que a encontraram   não longe do teatro
onde hoje toca Richter
levaram-na a correr para palácio
e instalaram o todo sob vitrina
mas o resto daquilo ainda vaga nos mares
qualquer dia aparece e cai tudo para trás
Claro não surge sempre um soldado de César
ou um ferro totémico de Gilgamesh
(para quem não sabe: o primeiro herói lendário
que também era bicha ou o primeiro bicha
que também era herói, para quem saiba)
mas todos podem levar qualquer coisa agradável
ou cristalina   ou medonha
vidro de bolso
tarso desirmanado
e os que não podem fumam e passeiam
o que ainda não é pequena maneira de ter

"A técnica por excelência xamânica consiste na passagem de um plano cósmico a outro. O xamã é detentor do segredo da ruptura dos níveis. Existem três grandes planos cósmicos ligados por um eixo central, o Pilar do Céu. Este eixo passa por uma 'abertura', um 'buraco', por onde o espírito do xamã pode subir ou descer em voos celestes ou descidas infernais."
Mircea Eliade

Que pena realmente o nosso excesso de mares
e o nosso realmente só querermos isso
que pena a praia abandonada às ondas
e a lua que não deu uma para a caixa
assim como fizemos nem os bichos quiseram
foram todos para a Suíça que é mais perto
mesmo do vácuo mais perto   da morte branca mais
[limpos
(digo bichos decentes   de vários metros de alto
porque ao cão e ao gato tanto se lhes dá)
A neve nos sapatos como uma barba
lembra-me o Gama dos livros da infância
Que chapéu que ele usava!
Então aquela Índia começava assim?
E o mar que nós fizemos só para ser ondeado?
Crianças de piroca grande a remexer na trave do infinito
Luís de Sousa Luiz Vaz de Almada Luiz Pacheco
depois da praia surgia o terror
e depois do terror a destruição
Tudo o que aniquilámos porque parecia nosso sem
[testemunhas

e era jovem   dúctil   como um corpo nu
que esburacámos vivo só porque tínhamos ferros para isso
e assim não ficou escrito   nunca será lido

> "Para os Esquimós, por exemplo, o Pilar do Céu é em tudo idêntico ao poste que colocam no centro das suas habitações."   Mircea Eliade

Por isso a tua Cidade Suspensa é toda a nossa história por
                                             [contar
o nó que nos cerca a garganta sabiamente o abriste sobre
                                             [a tela
a negro e a vermelho a cinza e a branco silvestre
para sempre livres do dédalo nosso
mas como ele mudo   silêncio do nosso silêncio
E todas as bibliotecas inundadas perdidas incendiadas
todas as quimeras onde houve gente e de que não resta
                                      [pedra sobre pedra
rosto ao lado de um rosto num portal antigo
por isso a tua Gare Ilimitada a que arrancaste portas e
     [telhado para homens e mulheres poderem sempre
                                              [partir
e os infindáveis baralhos de cartas onde a cada momento
                                     [interrogaste o destino
ó vieira das silvas dos teus cabelos
presos à dança da pedra e do ar

> "A este propósito, lembraremos o mito de uma idade paradisíaca onde os seres humanos podiam facilmente subir ao céu e estabelecer relações familiares

com os deuses. O simbolismo cosmológico da casa e a experiência xamânica da ascensão confirmam, sob outro aspecto, este mito arcaico. Eis como: depois da interrupção das *comunicações fáceis* que, no início dos tempos, havia entre o céu e a terra, certos seres privilegiados (e em primeiro lugar Vieira da Silva) continuam a poder efectuar a ligação dos planos superior e inferior. Da mesma maneira, os xamãs têm o poder de voar e de aceder ao céu através da 'abertura central', enquanto para os outros mortais essa abertura serve unicamente para a transmissão de oferendas." Mircea Eliade / Mário Cesariny

Por isso a tua Cidade para Gatos onde Rimbaud terá
                [sempre o seu quarto
e onde Cecília a Doce vai começar a abrir
os seus braços de vento misturado ao vento
por isso as tuas mãos traçando linhas à passagem
                [contínua do navio
que fantasticamente flutua a teu lado
e o vale   o vale imenso aberto a branco
onde para sempre a tua mãe repousa
e onde um dia   quem sabe   tu também
minha rainha negra para um cavaleiro húngaro
minha "águia imperial rindo às dentadas"
para o mais obscuro coração da matéria
minha nossa senhora da vitória
que corre o espaço sem morada certa
Ofélia roubada a Hamlet   Inês de Castro Szenes
pelo poder da sucessão infinita

e pela força do sacrifício total
quando se abre uma porta como o inferno
e o invisível te procura na sala
para que ilumines todos os seus portos
e todo o seu afã de eternidade

Estátua por descobrir no chão da catedral
mas que tu vês
negra e lenta surgir na madrugada lívida
sobre os olhos em chama o exílio mudo
nossa nossa senhora de Paris

o inquérito

1.ª Voz
Armazenadas todas as essências

2.ª Voz
Dividido o calor

3.ª Voz
Dispostas as correias de transmissão dos cabelos

1.ª Voz
E a mão   a alada mão que resume a experiência

2.ª Voz
Despidos   mas não mais que as petrificadas roupas

3.ª Voz
A pouco e pouco passamos

1.ª Voz
A mosca do infinito serve à mesa

2.ª Voz
Faz a barba aos homens

3.ª Voz
Dá bilhetes para

1.ª Voz
É como se vestisse fato novo
quem nem sapatos tem para ir à polícia

2.ª Voz
Quem será o juiz desta manhã sem cadáveres
docemente despida para fora do movimento

3.ª Voz
De um lado escadas   do outro lado escadas

1.ª Voz
Dir-se-ia que vai haver parada

2.ª Voz
Se houvesse uma chave para abrir esta história
de espelhos deitados ao longo da praia

3.ª Voz
Porque é que não se largavam? Porque é que não tinham
[casa?
Porque é que a cara deles estava sempre maior?
Mais imóvel? Mais lenta? Mais cega de claridade?

1.ª Voz
Este tempo está feito um domingo monstruoso

2.ª Voz
É dos que lavaram do cavalo as mãos

3.ª Voz
Levaram os sonhos para casa

1.ª Voz
Fazem de mortos para escapar aos vivos

2.ª Voz
Fazem de vivos e fazem mal

3.ª Voz
Entretanto   no fundo de olhos inteligentes
agitam-se oceanos de saliva

1.ª Voz
Um pequeno espaço no tempo
de que os pilotos gostam

2.ª Voz
O interior do meu navio a branco

3.ª Voz
O interior

1.ª Voz
O interior do meu navio a branco
são estas avenidas sem retrocesso
onde o sangue pagou o seu tributo ao esqualo
e onde tu não estás meu triunfo e meu espasmo
de corpo livre a ver o vento aterrar

2.ª Voz
Agora já passou   agora basta

3.ª Voz
Agora regressar ao interior do navio

1.ª Voz
Agora vêm aí pedir-nos a verdade
como quem pede o troco do planeta para as dez
dez e meia onze horas da manhã

2.ª Voz
A verdade   eu explico

3.ª Voz
Arcturus e Astralis egípcios-alemães
passam neste momento na direcção norte-norte
a terra vai tremer e precipitar-se

1.ª Voz
No donde nunca saiu embora se mova

2.ª Voz
E com ela a verdade

3.ª Voz
Verdade azul verdade branca dos rios

1.ª Voz
Verdade em linha recta dos olhos dos namorados

2.ª Voz
Verdade cor de muro

3.ª Voz
Cor de cinema pobre

1.ª Voz
E depois cor de fogo verdade escura cor de homem

2.ª Voz
E sabem para que são estas verdades todas
e todos estes livros de moradas?

3.ª Voz
São para glorificar o corpo a corpo
o boca a boca o calça a calça e as mãos nas mãos
                                       [perceberam?

1.ª Voz
Não   não perceberam

2.ª Voz
São milhares de cabeças separadas do tronco
mantidas por filamento fixo à nuca

                                        (breve pausa)

3.ª Voz
Até aqui nada de extraordinário

1.ª Voz
Nada a ver com o grito do sol no horizonte quando uma ave
[subitamente sangra
e os sonhos voltam à sua casa no espaço

2.ª Voz
De um colchão carbonizado pouco fica

3.ª Voz
Erguia-se   limpava o braço azul   deixava ficar tudo
como estava

1.ª Voz
Mas dele até ao pó e às sombras dos sapatos
quantas revoluções perpetuadas

2.ª Voz
Ali   onde a parede não faz chão

3.ª Voz
E diz então que a catedral era em baixo

1.ª Voz
Não adivinho como nos encontrámos

2.ª Voz
Perguntava isto e aquilo   respondia rindo

1.ª Voz
Ou era eu que ria não sei bem

2.ª Voz
Entrámos numa escada

3.ª Voz
Mas a alvura dos muros era contra vós

1.ª Voz
Com as costas da mão toquei-lhe no sexo fortemente
                          [arqueado dentro da roupa

2.ª Voz
Comecei a tremer como uma vara verde

3.ª Voz
Puxou-me o outro braço e apoiou-se pesou sobre mim
                      [como se eu fosse a base do universo

1.ª Voz
Ouvi o trabalhar de um relógio de pulso na minha nuca

2.ª Voz
Que som para a eternidade

3.ª Voz
Quase fazíamos a mesma altura   a mesma sombra sobre
                                  [o chão de pedra

2.ª Voz
Mas a farda marcava-lhe a figura enquanto o teu casaco
                                   [adejava no ar

3.ª Voz
Falei-lhes nisso e ele riu divertido

1.ª Voz
"Então tu gostas mesmo"

2.ª Voz
"Gosto de quê"

1.ª Voz
"De um homem"

2.ª Voz
Não lhe deste resposta

2.ª Voz
Que resposta haveria para dar

1.ª Voz
Era um jogo de aves do paraíso num céu iluminado a caixas
[de fósforos

2.ª Voz
E o halo dos seus braços contra a porta chapeada

1.ª Voz
E o rosto soerguido num mimo trágico

2.ª Voz
Como de rei ou mago   santo ou santa

3.ª Voz
Como acha então o mundo?

1.ª Voz
Algumas vezes foi preciso matar

(breve pausa)

1.ª Voz
Impossível saber para onde foi a nuvem
nem porque faleceram os principais

2.ª Voz
A cadeira a vapor da cerimónia

1.ª Voz
A augusta farrapa reluzente

2.ª Voz
Enquanto a bicicleta duma alegria enorme entra pelo
 [mar dentro tenazmente saudada pela solidão das
 [barragens submersas que expelem barbas verdes
 [para fazer a noite

2.ª Voz
Muito alta muito branca muito educada
a estátua tóxica avança

3.ª Voz
Todos atravessaram para ir ver o desastre e não houve
                                      [desastre
houve um garoto com uma gaiola e uma rapariga que
                                      [vendia laranjas há muitos anos

1.ª Voz
Quatro pequenos ratos formam hemiciclo

2.ª Voz
Mas nunca a rua pareceu tão deserta

3.ª Voz
Às quartas-feiras o amor é um plágio

1.ª Voz
Um vento de cadáver refrescado
produzido em quantidades industriais

2.ª Voz
Grandes barcos sem hélices são levados a correr para a
                                      [cama e aí expostos ao sol dias inteiros

3.ª Voz
Verdade e água para todos diz o vento

1.ª Voz
E conquanto eu não creia muito em mim

2.ª Voz
Nem seja dos que andam à procura para a construção da
[personalidade

(risos)

3.ª Voz
Aqui está uma montra para ajeitar a gravata

1.ª Voz
E aqui está uma esquina para tratar do assunto

2.ª Voz
Dedo mindinho pressão na barriga maquinismo de
[levitação para a letra A
Dedo médio arco-íris o maquinismo liga à tinta verde
[transe para a emersão da letra M

1.ª Voz
É a letra do meu nome

2.ª Voz
Dedo anelar rosácea e estrela cadente letras U letras R e
[conjuntivas parágrafas
que me abstenho bem de nomear

3.ª Voz
Para a letra K é preciso que corra sangue

1.ª Voz
Empregar só nas grandes ocasiões

(breve pausa)

3.ª Voz
Até aqui nada de extraordinário

1.ª Voz
Já não custa nada o amor

2.ª Voz
Já não custa nada a experiência

3.ª Voz
Nada o beijo na boca

2.ª Voz
A cintilante piscina dos braços

1.ª Voz
Já ninguém tem a mais pequena imagem do leão que
                        [rasteja entre as arcadas

2.ª Voz
O caso é todo o da ampola marinha que emergiu com o seu
                        [espelho à hora do começo do movimento parado

1.ª Voz
Na coluna marítima espelhada
a fria a lacónica data inexpressiva

2.ª Voz
Gatilho de todas as horas   esperança   tu sufocas

3.ª Voz
Ainda podes subir à altura dos telhados
e ver como rebentam as ondas na praia

2.ª Voz
É muito
é já demais
um dia e uma noite ao largo dos oceanos

3.ª Voz
Momento de beleza!

1.ª e 2.ª Vozes
Chora por mim que estou alegre
por esta paisagem de sangue
por estas rosas nos pulsos
da carne-mar da cidade
e chora pelo meu barco
de peixes e ventoinhas
marujos sem capitão
nem carta de identidade
violências e razão
castidade e crueldade
abraços de arribação
e outras plantas daninhas
que sobem ao coração
e fazem dele cidade
E também pelo segredo

que se não vende a ninguém
a chave de meter medo
à porta que se não tem
e pelos gestos sensuais
em rítmicas ondas mansas
demorados animais
assassinos de crianças
e pela confirmação
que não chegou à verdade
por Joaquim e João
por António e seu irmão
de excelsa virilidade

3.ª Voz
E pelos mortos nos mastros

1.ª e 2.ª Vozes
Jean-Claude Carlos José
Manuel Augusto António
que deviam ir de rastos
mas que se têm de pé
por pacto com o demónio

2.ª Voz
Chora enfim o mar insulso
desse honesto capitão
que prometia ser forte
e não tem direito ao lote
que lhe acaricia o pulso
que lhe floresce na mão

que lhe resvala na sorte
das ondas minha alegria
do vento carinho meu
ai chora por esse barco
espatifado contra o céu

(breve pausa)

1.ª Voz
Acenderam-se fogos sobre o rio

3.ª Voz
São vivas setas multicores
que o mais pequeno nada intersecciona
num movimento de pequenas ondas

2.ª Voz
Como se a noite negra
manasse
e das ondas em roda
o manto de Oberon cobrisse a água toda

(breve pausa)

1.ª Voz
Limpem bem os fatos

2.ª Voz
Lavem muito os dentes

1.ª Voz
Batam na engomadeira

2.ª Voz
Façam filhos

1.ª Voz
Sejam sensuais

2.ª Voz
Senso ais

1.ª Voz
Sexo ais

2.ª Voz
Procurem o buraco próprio

1.ª Voz
Da vossa saliência

2.ª Voz
E a saliência

1.ª Voz
Da vossa reentrância

2.ª Voz
Não tenham medo

1.ª Voz
Comam

3.ª Voz
O leque é extraordinário

1.ª Voz
Galinha

2.ª Voz
Pato

1.ª Voz
Tudo

3.ª Voz
Sejam alegres

1.ª Voz
Necessários

2.ª Voz
Sadios

3.ª Voz
O cofre dos países

2.ª Voz
Zanoni

1.ª Voz
Sutmil

3.ª Voz
Catorze

                                                      (breve pausa)

E diz então que a catedral era em cima

                                                      (breve pausa)

Tudo isto tem a ver com o conhecimento
de um pequeno jardim no meio da cidade
quando o sono e o silêncio despovoam a terra
e o último vagabundo entra a porta sem número e vai
                [desaparecer correndo pelo telhado

                                                      (breve pausa)

2.ª Voz
Os barcos russos chegaram a Havana

1.ª Voz
Vou comprar uma camisola

3.ª Voz
Os bárcos russos não chegaram a Havana

1.ª Voz
Vou comprar uma camisola

2.ª Voz
O pássaro cujas asas são dois olhos escuros vivos como
[chamas

3.ª Voz
Foi comido pela máquina fotográfica

(breve pausa)

1.ª Voz
Dois de sete pediu o meu amor

2.ª Voz
Mas caiu-lhe o boné

1.ª Voz
Tudo quanto ali estava foi ajudar a achar a trazer a limpar

3.ª Voz
Viste-o assim pela última vez

2.ª Voz
No meio de uma roda de transeuntes baixando-se a aceitar
[o boné que dançava

1.ª Voz
Erguendo-se e fitando-me nos olhos, fixo.

atelier

COMECEI A FORMÁ-LO PELAS PERNAS MAS ISSO AGITAVA-O DEMAIS OBRIGAVA-O A SER MAIS FORTE DO QUE ERA.

COMECEI OUTRA VEZ PARTINDO DA CABEÇA, UMA BELA CABEÇA ERIÇADA DE PÊLO, QUANDO CHEGUEI AO PEITO DEU UM GRITO DE IRREPRIMÍVEL ALEGRIA E VOLTOU A AGITAR-SE, AGORA PERIGOSAMENTE. AS PAREDES DA CASA, TENTANDO DEVOLVER A FORÇA DE ÁGUA AZUL, CONVERGIAM SOBRE ELE.

PAREI PARA FUMARMOS UM CIGARRO.

É UM CORPO MUITO BELO, COM A LIGAÇÃO ÀS MÃOS PERFEITAMENTE ASSEGURADA. OS OLHOS TÊM ALGO DE MEDITERRÂNICO MAS O CABELO É COMPACTO, COMO NAS RAÇAS FORTES.

PREPARO O OUTRO CORPO, MAIS EXTENSO E MAIS ÁGIL. A ÁGUA VERDE ILUMINA TODA A SALA.

COM UM SOM AGUDO DE CAMPAINHA DE PRATA EXTINGUE-SE LENTAMENTE O ANTIGO ANTICORPO. COMPREENDO A SUA SÚPLICA, O SEU FEROZ DESESPERO. É TUDO O QUE AINDA RESTA DAS IDADES SOMBRIAS QUE NOS VIRAM NASCER, DA ÉPOCA EM QUE A FORÇA DILACERAVA A FORÇA APENAS PELO GOSTO DE DILACERAR.

APAGO A LUZ E ESTENDO-ME. OS DOIS CORPOS GERADOS DANÇAM DE RODA, SAEM PARA O DIA DA TERRA, INTERNAM-SE NO BOSQUE. OS SEUS TRAÇOS, AZUL E VERDE PROFUNDOS, SÃO VISÍVEIS DURANTE MUITO TEMPO, NA ALVURA DOS TERRAÇOS, NA MONTANHA, NAS EXTENSÕES ILIMITADAS DO CAMPO, E SEMPRE QUE ME VOLTO PARA O LADO DA LUZ.

cortina

proclamação da serpente

A Julio-Saúl Dias

De ora em diante não mais serei venenosa,
O meu veneno — ei-lo! — deitei fora,
Hoje risco o meu nome das folhas do livro bíblico,
Estou farta de maçãs e da forma espiral,
Vou começar outra história.

O leão e a águia, ouvindo isto,
Ficaram angustiados.
Como representar o nosso papel
Se te retiras?, diziam,
Tu, a mais necessária ao cálculo do voo!
Ao percurso directo, corrigiu o leão.

Mas a pôpa, o estorninho, o gato mouro e o esquilo
Pulavam de alegria
E saudavam a serpente que se afastava
Liberta para sempre do ódio extinto.[*]

---

[*] O penúltimo e o último versos são de Manuel Bandeira.

poema em duas línguas gémeas para joan miró

Mira miró mira mira

a phormiga

madre antiga   da phadiga

que labora la tierra antiga

dadivosa   negro-rosa

almirantenientemerosa

y almirambolante pira

fulgurante

de los niños
sop meninos

a mirar

Mira miró mira mira

por orden de miramar

o céu a terra [do ar]

onde um pájaro admira   no ar

Miró   a   mirar

nobilíssima visão

nobilíssima visão

o poeta chorava...

O poeta chorava
o poeta buscava-se todo
o poeta andava de pensão em pensão
comia mal tinha diarreias extenuantes
mas buscava uma estrela (talvez a salvação?)
O poeta era sinceríssimo honesto total
raras vezes tomava o eléctrico
em podendo
voltava
não podendo
ver-se-ia
tudo mais ou menos
a cair de vergonha
mais ou menos
como os ladrões

E agora o poeta começou por rir
rir de vós ó manutensores
da afanosa ordem capitalista
depois comprou jornais foi para casa leu tudo
quando chegou à página dos anúncios
o poeta teve um vómito que lhe estragou
as únicas que ainda tinha
e pôs-se a rir do logro, é um tanto sinistro,
mas é inevitável, é um bem, é uma dádiva.

Tirai-lhe agora os versos que ele mesmo despreza,
negai-lhe o amor que ele mesmo abandona,
caçai-o entre a multidão.
Subsistirá. É pior do que isso.
Prendei-o. Viverá de tal forma
que as próprias grades farão causa com ele.
E matá-lo não é solução.
O poeta
O Poeta
O POETA
destrói-vos

pastelaria

Afinal o que importa não é a literatura
nem a crítica de arte nem a câmara escura

Afinal o que importa não é bem o negócio
nem o ter dinheiro ao lado de ter horas de ócio

Afinal o que importa não é ser novo e galante
— ele há tanta maneira de compor uma estante!

Afinal o que importa é não ter medo: fechar os olhos frente
[ao precipício
e cair verticalmente no vício

Não é verdade, rapaz? E amanhã há bola
antes de haver cinema madame blanche e parola

Que afinal o que importa não é haver gente com fome
porque assim como assim ainda há muita gente que come

Que afinal o que importa é não ter medo
de chamar o gerente e dizer muito alto ao pé de muita
[gente:
Gerente! Este leite está azedo!

Que afinal o que importa é pôr ao alto a gola do peludo
à saída da pastelaria, e lá fora — ah, lá fora! — rir de tudo

No riso admirável de quem sabe e gosta
ter lavados e muitos dentes brancos à mostra

louvor e simplificação de álvaro de campos (fragmento)

**nota do autor na primeira edição
(1953)**

Parece que houve Natal e Ano Novo e eu resolvo retribuir assim algumas das boas festas em que amigos e parentes tiveram a bondade de envolver-me: a impressão do presente fragmento do meu poema "Louvor e Simplificação de Álvaro de Campos", para vender aos amigos, e aos parentes, por vinte e cinco tostões.

O poema é já antigo, mas também é barato e sempre anima o ambiente. Dá, suponho eu, certa compensação, mormente nesta quadra em que alguns dos mais festivos entram na tarefa de iniciar o que há-de ser, o que já é o martirológio de Fernando Pessoa. Os mais cumprimentados não deixarão decerto de perpetuar os festejos com uma bela ligação de girândolas, das quais virão a sair grandes fichas obnóxias com os seguintes dizeres: Poetas Pataratas: Fernando Pessoa, Rainer Maria Rilke, etc., etc., e etc. — Poetas Muito Bons e de Muito Juizinho: este, aquele, aqueloutro.

"Simplificar" Fernando Pessoa tomando de empréstimo alguma da sua linguagem, e reduzi-lo ao voto de um barco para o Barreiro, é coisa em que cada um só deve cair uma vez. Fique, pela parte que me toca, o molde da queda e o valor da experiência: as pessoas sabidas descobrirão depressa onde é que está o logro e onde pôde anichar-se autenticidade. As outras, não sabidas (entusiastas, estas!) servem-me o apetite de dizer para já alguma coisa do que o poema não diz:

*Que Fernando Pessoa é um grande poeta. Viajou sempre
 [em primeira classe, mesmo quando estava parado.*

*Só as pessoas que não viajam ganham ódio às classes
                                              [que o comboio tem.*

*Quem alcança viajar, mesmo só em terceira, vai sempre
          [radiante. Não anda lá a prender-se com essas coisas.*

*As pessoas que não viajam também têm as suas qualidades,
       [são como os chefes de estação: bondosos, diligentes,
       [aplicados. Mas não viajam, pronto. Para que nos querem
                                                        [convencer que viajam?*

*Assim como a Poesia não é para um par de sapatos, assim
        [Fernando Pessoa não é para todos os dias. Não
        [consta, porém, que Pessoa haja querido monopolizar
        [os dias. Se déssemos a Pessoa os dias que ele tem,
        [faríamos como ele — e até podíamos, como ele, ser
        [grandes, com muitos dias para ele, e para muitos de
                                            [nós, seus iguais num desastre*

Que não convém nomear.

Há uma hora, há uma hora certa
que um milhão de pessoas está a sair para a rua.
Há uma hora, desde as sete e meia horas da manhã
que um milhão de pessoas está a sair para a rua.
Estamos no ano da graça de 1946
em Lisboa, a sair para o meio da rua.
Saímos? Mas sim, saímos!
Saímos: seres usuais, gente-gente, olhos, narinas, bocas,
gente feliz, gente infeliz, um banqueiro, alfaiates, telefonistas,
                [varinas, caixeiros desempregados,
uns com os outros, uns dentro dos outros
tossicando, sorrindo, abrindo os sobretudos, descendo aos
                [mictórios para apanhar eléctricos,
gente atrasada em relação ao barco para o Barreiro
que afinal ainda lá estava apitando estridentemente,
gente de luto, normalmente silenciosa
mas obrigada a falar ao vizinho da frente
na plataforma veloz do eléctrico em marcha,
gente jovial a acompanhar enterros
e uma mãe triste a aceitar dois bolos para a sua menina.
Há uma hora, isto: Lisboa e muito mais.
Humanidade cordial, em suma,
com todas as consequências disso mesmo
e a sair a sair para o meio da rua.

E agora, neste momento — que horas são? —
a telefonista guarda o bâton na mala usa os auscultadores
                [liga electricamente Lisboa a Santarém
e começou o dia

o pedreiro escalou para o telhado mais alto e cantou
                              [qualquer coisa
para começar o dia
o banqueiro sentou-se, puxou de um charuto havano,
                              [pensou um bocado na família
e começou o dia
a varina infectou a perna esquerda nos lixos da Ribeira
e começou o dia
o desempregado ergueu-se, viu chuva na vidraça, e
                              [imaginou-se banqueiro
para começar o dia
e o presidiário, ouvindo a sineta das nove,
começou o seu dia sem dar início a coisa alguma.

Agora fumo, trepidação,
correias volantes de um a outro extremo da fábrica isolada,
cigarros meio fumados em cinzeiros de prata,
bater de portas — pás! — em muitas repartições,
uma velha a morrer silenciosamente em plena rua
e um detido a apanhar porrada embora acreditem nele.
Agora pranto e pranto
na bata da manucure apetitosa do salão Azul.
Agora, regressão, milhões de anos para trás,
patas em vez de mãos, beiços em vez de lábios,
crocodilos a rir em corredores bancários
apesar das mulheres terem varrido muito bem o chão.
Agora tudo isto e nada disto
em plena e indecorosa licenciosidade comercial
pregando partidas, coçando, arruinando, retorcendo o
                              [facto atrás dos vidros

— um tiro nos miolos e muito obrigado, sempre às ordens!
(a velha já morreu e no seu leito de morte
está agora um automóvel verdadeiramente aerodinâmico
e a tocar telefonia: *and you, and you my darling?*)
Há uma hora, Isto! Há duas, ISTO!
E eu?

Eu, nada. Eu, eu, é claro...
Paro um pouco a enrolar o meu cigarro (chove)
e vejo um gato branco à janela de um prédio bastante alto
Penso que a questão é esta: a gente — certa gente — sai
                                          [para a rua,
cansa-se, morre todas as manhãs sem proveito nem glória
e há gatos brancos à janela de prédios bastante altos!
Contudo e já agora penso
que os gatos são os únicos burgueses
com quem ainda é possível pactuar —
vêem com tal desprezo esta sociedade capitalista!
Servem-se dela, mas do alto, desdenhando-a...
Não, a probabilidade do dinheiro ainda não estragou
                                      [inteiramente o gato
mas de gato para cima — nem pensar nisso é bom!
Propalam não sei que náusea, retira-se-me o estômago só
                                        [de olhar para eles!
São criaturas, é verdade, calcule-se,
gente sensível e às vezes boa
mas tão recomplicada, tão bielo-cosida, tão ininteligível
que já conseguem chorar, com certa sinceridade,
lágrimas cem por cento hipócritas.

E o certo é que ainda têm rapazes de Arte, gente
que pôs a alegria a pedir esmola e nessa mesma noite foi
[comprar para o cinema
porque há que ir ao cinema, ele é por força, é por amor de
[Deus, ah, não! não! isso não!, não se atravessem
[*nesta* bilheteira!!
Vamos estar tão bem! Vai tudo ser Tão Bonito!
Ah, e quem é que vê o logro? A quem é que isto cheira a
[ranço?
Porque é que a freguesa de Panos Limitada não exige três
[quartas de cinema
e sim três quartas partes de lã carneira?
Porque é que a pianista compra do Alves Redol
quando está a pensar nas pernas e no peito do louro galã
[yankee?
E porque raio despede o senhor Director três humílimos
[empregados
quando a verdade é que já lá vão três meses e ainda não
[viu um que lhe enchesse as medidas?

Com certa espécie de solidariedade
lembro-me de ti, Mário de Sá-Carneiro,
Poeta-gato-branco à janela de muitos prédios altos.
Lembro-me de ti, ora pois, para saudar-te,
para dizer bravo e bravo, isso mesmo, tal qual!
Fizeste bem, viva Mário!, antes a morte que isto,
viva Mário a laçar um golpe de asa e a estatelar-se todo
[cá em baixo
(viva, principalmente, o que não chegaste a saber, mas isso
[é já outra história...)

E com uma solidariedade muito mais viva
lembro-me de ti, meu vizinho de baixo,
sapateiro-gato-branco, mas no rés-do-chão, desta vez...
É curioso que não te possas suicidar
só porque a tua janela está ao nível do mundo
e que cantes alegremente de manhã à noite
com uma casa de seis andares em cima de ti.
Também tu foste empurrado, também te disseram: Fora,
                                            [gato!
Mas achaste isso quase natural (e não o é, deveras?)
E agora, guardando em ti todas as tuas grandes qualidades
vais vivendo um pouco à margem, um pouco no quinto
                                            [andar...

Deito fora o cigarro que já me sabia a amargo
e decido-me a andar — mas para quê? Mas para onde?
As lojas estão abertas mas nunca se viu coisa tão fechada
Ah! heróis do trabalho, que coisas raras fazeis!
Não sou um proletário — vê-se logo
— mas odeio cordialmente a gataria
e quanto a crocodilos, nem os do Jardim Zoológico me
                                            [atraem
quanto mais estes! — E aqui é que começa o embróglio...

O pouco amor que eu tive à burguesia
deixei-o todo numa casa de passe
quando me perguntaram: quer assim? Ou assim?
E agora, era fatal, falto ao escritório,
falto ao escritório, pontualmente, todas as manhãs.
Mas vejamos, ó minha alma, se podes, arrumemos

um pouco a casa escura que te deram.
Eu
estudei música, como toda a gente

(ou talvez um pouco mais do que toda a gente?)

Não. Por aqui não nos entenderemos.
Estudemos outro papel. Outro fim. Outras músicas.

Recomecemos: Um:
Estes versos não querem de modo algum ser versos
porque quem hoje em Portugal quer de algum modo fazer
                                      [versos versos
está em muito maus lençóis
(este o primeiro artigo da minha constituição)

Segundo:
Apesar de tudo, saí para a rua com bastante naturalidade
e que vi eu? Que é isto? (e que esperava eu ver?)

Terceiro:
(e aqui começa, talvez, o desembróglio)
vi também um vapor que ia para o Barreiro
e tive pena de não ir com ele
mas não sou um proletário (não, ainda não)
e atravessar a nado — quem é que disse que pode?

Fiquei-me a vê-lo: primeiro junto ao cais
com um certo ar simpático de proletário dos mares

e apinhado de gente — tanta espécie dela!
Depois a meio do rio, destacado e nítido,
depois um ponto vago no horizonte (ó minha angústia!)
ponto cada vez mais vago no horizonte

e de repente, ao virar uma esquina, já depois de outra
                                        [esquina,
vejo uma nova espécie de enforcado
um homem novo em cima de um escadote
a colar afixar cartazes deste género:

            VOTA POR SALAZAR

Paro. Paro de novo. Pararei sempre enquanto
afixarem cartazes deste género.
Curioso, curiosíssimo este género.
Um chefe não é grande pelo nome que arranjou.
Salazar Xavier Francisco da Cunha Altinho isso que
                                        [importa.
Um chefe é grande pelas suas obras, pelo amor que inspira.
Pois os fascistas os nossos bons fascistas
querem que a gente vote por um nome
por um nome calcula essa coisa qualquer que qualquer
                                        [fulano tem!
Vota por Salazar ora pois ó meu povo
vota por sete letras muito bem arrumadas em três sílabas.

Deito a cabeça para trás para deixar sair a gargalhada
e aproximo-me do homem em cima do escadote

aproximo-me tanto que ele nota
alguém que se aproxima
e o braço cai-lhe, grosso, pingando água num balde
… …
… Dá os bons-dias a este irmão, a este bom irmão
que anda a colar cartazes para não morrer de fome!…
… …

a cidade queimada

a cidade queimada

Nunca estive tão só diz o meu corpo e eu rio-me
lembra-me alguém que se atardava sempre
diante de uma montra da rua da palma
a olhar para uma camisa que seria sua
assim que o ordenado lho pedisse
porque era aberta   branca   lisa   de praia!

Seis e meia sete horas
saltava da vedeta vinda do Alfeite
e era como um gato
ia com os pés para a frente daquela montra
só para ver só para olhar sem ser reparado
só enquanto não fecham estas lojas
Esse, ou o António, que gostava de homens
E não só isso como o declarava
dois e dois quatro a quem bem queria ouvi-lo
porque, dizia, ajustando o corpete,
homem sou eu dentro da minha farda

Nunca estive tão só diz o meu corpo e eu rio-me
porque o corpo é o corpo
não tem nada a fazer   não tem para onde ir
não lembra   não se lembra   quer estar sempre agarrado
suprimido
apertado
e se é belo é pior
vive num amarrote permanente

Sim decerto matéria atrai matéria
a boca faz-se sangue o sangue faz-se esperma
a urina espera a custo que o esperma se faça
para vir de novo à superfície do ar
Quando o total atinge a sua forma ejectável
preme-se noutro corpo noutros lábios idênticos
mas do lado de lá como num espelho
sua fiel imagem convertida

Isso o meu corpo quer — o corpo — noite e dia
ele julga que eu tenho a idade dele
que ainda só sei do homem pelo que transporta
a meia-nau sobre o alto das pernas
— o quadrado das ânsias respirando abertas —
— a diagonal dos braços formando-se em centro —
mas o meu centro de aeração mudou-se
o meu relógio de mar parou em cima da mesa
o espelho meu foi puxado para trás
e foca — admirado — a magnificência liberta

O navio de espelhos
não navega, cavalga

Seu mar é a floresta
que lhe serve de nível

Ao crepúsculo espelha
sol e lua nos flancos

Por isso o tempo gosta
de deitar-se com ele

Os armadores não amam
a sua rota clara

(Vista do movimento
dir-se-ia que pára)

Quando chega à cidade
nenhum cais o abriga

O seu porão traz nada
nada leva à partida

Vozes e ar pesado
é tudo o que transporta

E no mastro espelhado
uma espécie de porta

Seus dez mil capitães
têm o mesmo rosto

A mesma cinta escura
o mesmo grau e posto

Quando um se revolta
há dez mil insurrectos

(Como os olhos da mosca
reflectem os objectos)

E quando um deles ála
e o corpo sobe os mastros
e escruta o mar do fundo

Toda a nave cavalga
(como no espaço os astros)

Do princípio do mundo
até ao fim do mundo

primavera
autónoma
das estradas

les
hommages
excessives

à andré breton

juste avant de s'endormir
il se lève et reste debout
on dirait que paléozoïque
ou bien que très helicoptère
mais qui parle à quoi bon répondre
dare dare il est à surboire

à moi-même

il se promène sous écorce d'arbre
il parle aux femmes de ce qu'on apelle minoir
il a acheté un porte-bonheur très souple
il couche avec quand il va tout seul

adozites

adozites

com tempo seco que maravilha
podestepôr em cima da ausenda
que descobre a virilha
mesmo que não esteja à venda

        vem a meu peito
        que eu vou gritar
        serás eleito
        no ultramar e ar

carapaus fri tus tus tus tus calotes
soma um minuto e pronto bofetadas
uma ideia vestida de escadotes
sobre o cavalo a trote e a galopes
são horas de dormir bem mastigadas

        para além dos teus olhos
        cinco dedos alvos
        e presos aos molhos
        objectos calvos

um neo-realista diz que sim
mas tuas lantejoulas dizem não
alacremente como um sonoro trrim
no fundo do púcaro de alcatrão

        bem dizes ai
        com pulmõezites

       ó chirivai
       tocando apites

ai caravelas pelo mar fundo
tragam uivos de areia aos pirilampos
cabazes de olhos de moribundo
e sumos de uva nos relampos

            ventoinhas que tendes vós?
            soluçozinhos de terciopelo
            já o mesmo dizia a minha avós
            hás-de-me cortar o cabelo

e se tudo isto não te puder ver
faz um buraco e conta-lhe o resto
se for muitíssimo indigesto
verificarás que está a chover

            de mim para ti
            de ti para mim
            ófeguiderzin

alguns
anos depois

breyten breytenbach

Quinhentos anos de opressão tirânica
quinhentos anos de imbecilidade despótica
findam hoje para ti povo de Angola finalmente liberto
quinhentos anos de carnificina
de estupidez
de desprezo
de armaduras de ferro de grades de ferro de olhos e bocas
                      [de ferro pró "pensamento cristão"
da gatunagem da Europa reis presidentes duques generais
tudo rãs deste charco que ainda hoje vibra na proliferação
                                 [do inútil
do insultante
do pobre

Não falo do povo vítima
do povo de forçados que morreu aos milhares nas idas e
                            [tornas de África
enquanto não houve escravos para os substituir no
                                  [trabalho
falo desses demónios que em nome de um deus que não
   [eram perpetraram essa coisa vil e violenta que foi a
                            ["civilização" dos gentios
que andavam nus coitados
e não repletos de pulgas baratas e percevejos nos
   [interstícios dos gibões dourados e amarelos de

[sarna e podres do "mal de França" nos intervalos
             [das calças de veludo mosqueado
para não falar nas cabeleiras postiças
mais concorridas de piolhos a escorrer para os olhos
que de areias tem o fundo do mar
falo dos de chicote e de tortura
dos toma lá dois pregos e uma pinha no prato
em troca do teu peso em sangue e pedraria
dos toma lá a morte de cabeça para baixo se não
                              [andas lesto
pois já tivemos um santo que também morreu assim
e pensando melhor dá cá o prato e os meus pregos
                                     [católicos
e vai-te nu para o mato que muita sorte tens tu

Hoje aqui tantos séculos volvidos em tragédia nossa
neste 11 de Novembro do século XX
(do calendário cristão que felizmente há outros
como o árabe, que vai no seu século XIV
com recusa formal de entrar na dança do doido
que é o que a Europa dança desde a investigação das
                                      [pátrias)
hoje aqui nesta noite de angustiosa alegria
em que a rádio de Angola transmite para todo o mundo
       [os cantos as palavras os gritos de regozijo de um
       [imenso povo enfim liberto da coleira e do cárcere
o meu pensamento, Breytenbach, vai para ti
para ti que há dois meses e pico caíste na armadilha de
                                 [deixar o exílio
e os amigos de Paris e de Amsterdam e Londres

para regressares à África do Sul
e logo foste preso como terrorista
à ordem do falso governo de Pretória

Breyten Breytenbach
meu doce e generoso poeta posto a ferros
neste momento em que por toda Angola apeiam das suas
    [bases de obscurantismo e de intolerância pretensiosa
estátuas talhadas como a mais espúria "arte artística"
a começar pela estátua do Cão
"que foi o primeiro a chegar ao rio Zaire"
como se o rio Zaire não estivesse ali há montes de anos
                              [para o ver chegar a ele
e à sua estatura de português funesto
(audaz — pois com certeza!
valoroso — oh quanto!)
com nas pernas de herói navegador a tenaz indecente que
                     [havia de apertar todo o povo negro

Breyten Breytenbach
não sei se na enxovia podes falar com alguém
se no teu cárcere há uma janela
de onde ao menos se veja o azul do céu ou um ramo de
                                      [árvore alta
as notícias que temos contradizem tal hipótese
deves ter sido lançado no escuro irrespirável que é o que
                [mais vai às cabeças dos teus juízes
mas pela fresta donde sopra o vento
nos olhos do insecto vindo da imensidão livre até às mãos
                                      [do recluso

tenho um recado para ti
uma história para rires e depois cuspires de nojo
no primeiro que te aparecer a falar de justiça

Há aqui em Lisboa   era de esperar
uma embaixada da África do Sul
e um serviço da África do Sul
montado como é óbvio durante os bons velhos tempos de
[Salazar
eles fazem e imprimem uma revista
que mandam às pessoas pelo correio
para a propaganda branca
da merda electrificada branca do governo da África do Sul

Escuta o que eles dizem:
número nove do oito 75 página 3: "DIA DA MARINHA"
    "O número mais extraordinário que estes cães são capazes de executar é denominado 'A Oração dos Cães'; enquanto a Oração é dada ao som do hino *Amazing Grace* estes cães erguem-se sobre as patas traseiras e tapam os olhos com as patas da frente"

pág. 44: "MAGIA MODERNA"

    "... nem todos podem dar-se ao luxo de ter piscinas de mosaico com torneiras de ouro. Mas todos podem absorver ideias..."

Quanto a "ARTE E ARTISTAS NA ÁFRICA DO SUL", o esplendor da autêntica arte banto é dizimado em es-

culturas cretinas de talha inválida enquanto o pobre
mate do autor mate conversa animadamente com o
Ministro-Adjunto para a Administração e Desenvol-
vimento Bantos. A cara do Adjunto grav. pág. 19 é de
fazer estremecer de terror qualquer detido de delito
comum.

É isto o que eles escrevem Breytenbach
com isto nos assaltam a casa
fazendo-me o intolerável insulto de continuar a enviar-me
                              [estas palavras e imagens
quando por mais de uma vez devolvi ao remetente — e o
                              [mesmo fizeram amigos meus —
esta última mostra de bestialidade nazi mascarada de
                              [lindo jardim relvado

A esses que querem julgar-te porque és um poeta
um ser que engendra a vida e não a disparidade infecciosa
um sol que se desloca à velocidade do sangue
e não um cão que ergue as patas para a hóstia
da exploração do homem pelo homem
diz-lhes, Breytenbach
que em breve serão milhares e milhares de milhares
a expulsar para sempre dos seus espaldares de juízes
os dedos blenorrágicos dos teus detractores

O Virgem Negra

II

Ela Canta...

1 Ela canta, pobre ceifeira,
Julgando-se feliz, talvez.
Canta, e roussa. E a sua voz, cheia
De alegre e anónima liquidez

É branca como um grito de ave
Num ferro de Alcácer-Kibir,
E há réstias de luz e de adarve
No som que ela faz a se vir.

Ouvi-la, alegra e aborrece.
Na sua voz há recidiva.
E roussa como se tivesse
Mais fodas a dar do que a vida.

Ah! Poder ser tu sendo eu!
Ter a tua alegre limalha
E todo o ouro dela! Ó céu
Ó campo, ó canção,

O homem pesa tanto e a matriz é tão leve!
Entrai por mim dentro! Tornai
Meu ânus o vosso almocreve!
Depois, levando-me, passai.

[1] O nome ceifeira traz no seu interior a imagem simbólica da morte. Sem *razões* para o suicídio, o poeta prefere o assassinato.
Não serve — não deve servir — a interpretação das propensões sexuais, ou meramente eróticas, do poeta, o que seria irrelevante no todo e no pormenor. Servirá antes para desvelar essa outra máscara — a mais incipiente — e levar ao seu sítio verdadeiro: as antimonias-pseudo de que demasiadas vezes dá exemplo o discurso fernandino ("Poder ser tu sendo eu"), ("Penso, logo não sinto") (Etc.). Já Oliveira Martins, no prefácio aos *Sonetos* de Antero, dá cabo desse jogo, hoje de uma piresa (filosofância) devastadora, num poeta de tão alta estirpe.

Dizem que sou um chão
De rodas de veículos,
Dizem que é assim mas não,
4 Eu simplesmente são
Com a imaginação.
Nunca uso testículos.

Tudo o que para que tendo
— O que me sobe, exacta,
A roda do infinito —
É como um grande membro
Que n'ata nem desata
E o próprio sopro mata
13 Ao guarda de plantão
E isso é que eu acho bonito

Para meter em verso
E em psiquiatria
A trouxa do universo
E da sua gentia,
À qual não sou adverso,
Nem converso, dizia.

Por isso conto o meio
Do que não teve pé.

[4] Arcaísmo, embora não no caso de Fernando Pessoa.
[13] O "guarda de plantão" que não se presume qual seja se não o próprio poeta, é iluminado pelas seguintes variantes preteridas: "O próprio sopro tapa / À cova de Platão", referência à alegoria da caverna; "A própria vida mata / A quem lhe estende a mão", esta talvez a mais conforme ao dizer do poema.

Livre de jaça ou esteio,
Cheio do que não é.
Não são pombo-correio.
Colhões tenha quem lê.

Notas aos poemas de Mário Cesariny

no cais: Poema publicado pela primeira vez em *Planisfério e outros poemas*, 1961, sob o título "Poema".

história de cão: Oitava seção de "Romance da Praia de Moledo", em *Burlescas, teóricas e sentimentais*, em 1972, e em *Manual de prestidigitação*, em 1981.

[suave]: Poema incluído em "Loas a um rio", em *Planisfério e outros poemas*, 1961, e em *Burlescas, teóricas e sentimentais*, em 1972.

[à claridade sóbria]: Poema intitulado "Informática" em *19 projectos de Prémio Aldonso Ortigão seguidos de Poemas de Londres*, em 1971, e incluído em "Loas a um rio", em *Burlescas, teóricas e sentimentais*, 1972.

a um soldado que chorava de tanta coisa tinha para levar aos ombros e arrastar com as mãos: Poema publicado sob o título de "Passagem da Terra", em *Planisfério e outros poemas*, 1961.

em forma de poema: Poema publicado pela primeira vez em *Nobilíssima visão*, 1959.

XIII [e é preciso correr é preciso ligar é preciso sorrir é preciso suor]: O poema funciona como uma continuação do "Poema da necessidade", de Carlos Drummond de Andrade.

exercício espiritual: Mais uma vez, Cesariny dialoga com "Poema da necessidade", de Carlos Drummond de Andrade.

PENA CAPITAL: Na primeira edição, o livro tem a seguinte dedicatória: "A minha mãe, Mercedes Cesariny Rossi Escalona de Vasconcelos, mãe de poesia".

estação: Publicado pela primeira vez em *Nobilíssima visão*, 1959.

poema [Tu estás em mim como eu estive no berço]: Incluído em *Pena capital* a partir de 1982.

poema [Em todas as ruas te encontro]: Na primeira edição de *Pena capital* (1957), o poema contava com um dístico final: "Em todas as ruas te perco / em todas as ruas te encontro".

you are welcome to elsinore: Em 2006, são feitas gravações em áudio de Mário Cesariny dizendo poemas seus. Ao ler "you are welcome to elsinore", corrige o verso final: "aqui está 'dever', mas é 'querer'". Assim, o autor teria feito uma última alteração no poema, que ficaria: "Entre nós e as palavras, os emparedados / e entre nós e as palavras, o nosso querer falar". *Poemas de Mário Cesariny escolhidos e ditos por Mário Cesariny*. Lisboa: Assírio & Alvim, 2007.

autografia I: Era a primeira seção de um único poema intitulado "Autografia", de 1957, subdividido em cinco seções.

autografia II: Na versão de 1957, ocupava a seção "III" do poema.

poema [Faz-se luz pelo processo]: Seção "V" de "Autografia" em 1957.

a antónio maria lisboa: "a antónio maria lisboa" e "a antonin artaud" fazem parte de uma sequência de três poemas dedicados a outros autores publicada em *Pena capital*. Ficou de fora desta antologia o poema "a edgar allan pöe".

concreção de saturno: Na primeira edição de *Pena capital*, foi publicado sob o título "Rompimento inaugural", retomando o manifesto assinado por André Breton, em 1947, que será decisivo para o surrealismo de Mário Cesariny.

corpo visível: Primeiro poema de Cesariny a ser publicado, em 1950. Em 1957, passou a integrar *Pena capital*.

autoractor: Publicado pela primeira vez em *Planisfério e outros poemas*, 1961.

ESTADO SEGUNDO: Os poemas que hoje compõem "estado segundo" tiveram uma primeira versão no poema intitulado "Pequeno diário de um piloto de guerra", em *Pena capital* (1957), dedicado a "Antoine de Saint-Exupéry".

XVII [O fogo...]: Não constava na primeira versão. Foi publicado em *Poesia* (1944-1955) como o poema de número XIV de "Estado segundo".

XXI [Ama como a estrada começa]: Existe uma versão desse poema como uma colagem datada de 1955. É possível que o poema publicado em *Pena capital* em 1957 seja uma transcrição da colagem.

PLANISFÉRIO: Na primeira edição, Cesariny dedica o livro "À Maria Helena e ao Arpad", referindo-se ao casal de pintores Maria Helena Vieira da Silva (1908-1992) e Arpad Szenes (1897-1985).

passagem: Em 1961, os versos do poema estavam alinhados à margem esquerda.

being beauteous: Em *19 projectos de Prémio Aldonso Ortigão seguidos de Poemas de Londres*, em 1971, era dedicado "Ao Luiz Pacheco, poeta da cama".

o inquérito: Publicado em *19 projectos de Prémio Aldonso Ortigão seguidos de Poemas de Londres*, o poema reestrutura passagens de uma carta enviada por Mário Cesariny a Artur do Cruzeiro Seixas.

atelier: O poema parece dialogar com a série plástica "Linhas de água", desenvolvida entre as décadas de 1970 e 1990, mas cuja temática já se fazia sentir desde finais de 1950. O poema ressoa, também, as *Iluminações* de Arthur Rimbaud, traduzido por Cesariny: "Baixo a luz do candeeiro, lanço-me sobre a cama, e voltado para o lado da sombra vejo-vos, minhas filhas! minhas rainhas!".

NOBILÍSSIMA VISÃO: A primeira edição do livro era dedicada "A Fernando Lopes Graça, meu primeiro mestre" e contava com a seguinte epígrafe de Georg-Christoph Lichtenberg: "Na mesa de jogo encontrava-se uma mulher muito alta e magra, que fazia tricot. Perguntei-lhe o que se podia ganhar. Ela disse: *nada!* e quando lhe perguntei se se podia perder alguma coisa, ela disse: *não!* – Este jogo pareceu-me muito importante.".

o poeta chorava...: Poema publicado em 1959 sob o título "Em forma de poema" (o segundo sob o mesmo título naquela edição). Com algumas diferenças do que agora se publica, das quais destacamos a estrofe final, onde, em lugar do actual "o poeta / O Poeta / O POETA / destrói-vos", lia-se "O poeta não pode / ajudar-vos a morrer". Em *Burlescas, teóricas e sentimentais* (1972), seu título é "O poeta cai pela segunda vez".

pastelaria: Publicado pela primeira vez como a seção "VI" de *Discurso sobre a reabilitação do real quotidiano*, em 1952.

LOUVOR E SIMPLIFICAÇÃO DE ÁLVARO DE CAMPOS (fragmento): Ainda em 1972, na edição de *Burlescas, teóricas e sentimentais*, o poema terminava em reticências após a referência à nova espécie de enforcado, portanto, sem referência a Salazar:
"vejo uma nova espécie de enforcado / um homem novo em cima de um escadote / a colar afixar cartazes deste género: / ... ..."

A CIDADE QUEIMADA: Título de uma tela de Maria Helena Vieira da Silva.

[O navio de espelhos]: Poema incluído também em *19 projectos de Prémio Aldonso Ortigão seguidos de Poemas de Londres*.

LES HOMMAGES EXCESSIVES: A maior parte dos poemas desta seção foi publicada pela primeira vez na revista *Transforma(c)tion*, n. 6, Londres, 1973.

adozites: No índice de *Primavera autónoma das estradas*, 1980, Cesariny registra: "Com António Domingues, Alexandre O'Neill e Fernando de Azevedo, 1947. Parcialmente publicado na ANTOLOGIA SURREALISTA DO CADÁVER-ESQUISITO, Guimarães Ed., Lx., 1961".

breyten breytenbach: Poema publicado pela primeira vez no jornal *A Luta*, em 17 de novembro de 1975.

As homenagens excessivas

MARIA SILVA PRADO LESSA

1.
Um dos modos de apresentação de um autor começaria por uma referência biográfica à qual se seguiriam os comentários à sua produção artística. Para falar de Mário Cesariny, porém, é preciso assumir "vida" e "obra" como campos coincidentes. Exemplo eterno da pulsação de um espírito livre que se encaminhou para dissolver as fronteiras que as separariam, Cesariny fez da poesia a vida e vice-versa. É preciso, ainda, dizer que, se defendia "uma real cidadania para todos", era porque essa ideia se atrelava, indissociavelmente, à busca por "uma real liberdade de cada um consigo".[1] Foi este um dos mais importantes fios condutores de sua ação, desde antes da estreia em livro no universo da poesia em 1950, com *Corpo visível*, até os anos finais, com o livro-objeto *Timothy McVeigh — O condenado à morte* (2006), em que parte da execução do terrorista estadunidense para se pôr diante do absurdo da pena capital como forma de justiça. No poema de 1950, já se manifesta o âmago amoroso-libertário que servirá de força propulsora da sua criação poética:

> Convenhamos meu amor convenhamos
> em que estamos bem longe de ver pago todo o tributo
> [devido à miséria deste tempo

[1] Mário Cesariny, "Prefácio", in *A intervenção surrealista*, Lisboa, Assírio & Alvim, 1997, p. 9.

e que enquanto um só homem um só que seja e ainda que
        [seja o último existir DESFIGURADO
não haverá Figura Humana sobre a terra

2.

Alguns anos antes da publicação de *Corpo visível*, Cesariny se reunia, em Lisboa, com companheiros que viriam a constituir a cena surrealista em Portugal a partir do final dos anos de 1940, com destaque para os poetas Alexandre O'Neill, Pedro Oom, António Maria Lisboa, Risques Pereira e Cruzeiro Seixas. O grupo, constituído principalmente de jovens estudantes da Escola de Artes Decorativas António Arrio, passara a se encontrar, desde o ano de 1942, no Café Hermínius, onde deram início, no ano seguinte, a uma série de "atividades fortes e jovens", conforme registradas em *A intervenção surrealista*, antologia do movimento português organizada, em 1966, por Cesariny: "Afixação a cuspo, do que resulta o lento escorregar da matéria afixada, de imagens de generais e almirantes franceses. Saltos mortais por cima das mesas. (...) Mário Cesariny traz para o Café a máquina de escrever e um robe que pertenceu a Conchita Grandella".[2]

Nesse mesmo momento, em Portugal, surgiam Sophia de Mello Breyner Andresen, Jorge de Sena e Eugénio de Andrade, em meio a uma cena literária habitada pelos poetas da revista *Presença*, como José Régio e Adolfo Casais Monteiro, e recentemente movimentada pela pu-

---

[2] Mário Cesariny, "Prolegómenos ao aparecimento de dadá e do surrealismo", in *A intervenção surrealista*, Lisboa, Assírio & Alvim, 1997, p. 48-49.

blicação do conjunto de livros Novo Cancioneiro, reunindo poetas neorrealistas, entre os quais estreava Carlos de Oliveira, bem como pelas edições que, a partir de 1942, se faziam da obra de Fernando Pessoa.

Das experiências de Cesariny com a poesia durante a década de 1940, dão um maior testemunho a primeira compilação de sua obra escrita, *Poesia (1944-1955)*, publicada em 1961,[3] e a segunda edição de seu livro *Nobilíssima visão* (1976).[4] Para avaliar a produção desse período, é oportuno recorrer sobretudo à segunda, uma vez que, nela, reúnem-se apenas textos escritos entre 1945 e 1946. Trata-se, portanto, de poemas escritos antes da publicação de seu livro de estreia, nos "anos que correspondem a uma leitura do 'país real' topado pelo autor à saída da adolescência linda mas já desconfiada da terra em que assentara os seus projectos de poesia civil: lírica, inocente: dramática",[5] como afirma a nota introdutória. A edição permite que o leitor de Cesariny constate que, se os poemas registram uma fase de sua produção anterior à ade-

[3] Na compilação de 1961, reúnem-se quatro dos livros publicados pelo autor na década de 1950, *Discurso sobre a reabilitação do real quotidiano* (1952), *Manual de prestidigitação* (1956), *Pena capital* (1957) e *Alguns mitos maiores alguns mitos menores propostos à circulação pelo Autor* (1958), antecedidos por uma primeira seção intitulada "Poesia civil" e acrescidos de outra, "Estado segundo". O intervalo de doze anos que vem anunciado no título dentro dos parênteses após a palavra "Poesia" se refere à data de escrita dos poemas, e não à de sua publicação.

[4] A primeira edição é de 1959. As diferenças entre a primeira e a segunda edições são detalhadamente descritas por Maria de Fátima Marinho, em estudo de referência para a obra de Mário Cesariny: *O surrealismo em Portugal e a obra de Mário Cesariny de Vasconcelos*, de 1986, tese de doutorado apresentada à Universidade do Porto e posteriormente publicada em formato de livro, *O surrealismo em Portugal*, Lisboa, IN-CM, 1987.

[5] Mário Cesariny, "Nota do autor", in *Nobilíssima visão*, 2ª ed. Lisboa, Guimarães & Cª., 1976, p. 9.

são definitiva ao Surrealismo, em 1947, revelam também muitos dos passos que serão dados adiante pelo autor.

Percebemos, então, sua aproximação passageira ao Neorrealismo, marcado no escárnio à burguesia, na resistência declarada ao Estado Novo de António Salazar e na concepção de que a arte é espaço privilegiado para a transformação política. Em meio à expressão do Realismo Socialista da qual se afastará logo em seguida, percebemos algumas marcas que alçarão pleno voo futuramente — em especial a convocação do absurdo e do Umor (sem H, como sugere André Breton a partir de Jacques Vaché), a veia irônica e a capacidade de "rir de tudo" como modo de dinamitação do "real cotidiano", presentes tanto no poema "pastelaria", já que "afinal o que importa é pôr ao alto a gola do peludo / à saída da pastelaria, e lá fora — ah, lá fora! — rir de tudo", quanto em "o poeta chorava":

> E agora o poeta começou por rir
> rir de vós ó manutensores
> da afanosa ordem capitalista
> depois comprou jornais foi para casa leu tudo
> quando chegou à página dos anúncios
> o poeta teve um vómito que lhe estragou
> as únicas que ainda tinha
> e pôs-se a rir do logro, é um tanto sinistro,
> mas é inevitável, é um bem, é uma dádiva.

A irrupção do vômito que se segue à visão da "página dos anúncios" e do riso diante do estrago das "únicas que ainda tinha" marcará uma forma de ultrapassar o espaço da escrita literária e constituir, antes, um modo de viver em permanente recusa e afastamento daqueles "manutensores / da afanosa ordem capitalista":

> Tirai-lhe agora os versos que ele mesmo despreza
> negai-lhe o amor que ele mesmo abandona,
> caçai-o entre a multidão.
> Subsistirá. É pior do que isso.
> Prendei-o. Viverá de tal forma
> que as próprias grades farão causa com ele.
> E matá-lo não é solução.
> O poeta
> O Poeta
> O POETA
> destrói-vos

O momento de intensa atividade literária em Portugal e de ocupação das ruas pelos jovens artistas que então se observava reflete-se na imagem de artista leitor e espectador que Cesariny constrói de si mesmo. Entrevemos, nos poemas dos anos de 1940, os contornos da figura do poeta que se fará presente em publicações da década seguinte, apresentado como o responsável por uma reorganização poética da cidade e em permanente diálogo com obras alheias. A leitura e a vagabundagem pelas ruas se revelam como atitudes constituintes de um modo de estar na poesia e na vida, algo que se anuncia já pelos títulos dos poemas, muitos deles topônimos da cidade de Lisboa, como "rua da bica álvaro belo", "rua da academia das ciências", "arco das portas do mar", "rua do ouro" e "rua da misericórdia".[6] São características que encontrarão ressonância na descoberta do Surrealismo, na centralidade da experiência na rua como modo de abertura ao acaso objetivo, evento poético por excelência.

Dos exercícios de leitura, destaca-se o poema "louvor e simplificação de álvaro de campos", igualmente presente na segunda edição de *Nobilíssima visão*, mas publicado pela primeira vez em 1953. A composição inaugura a característica relação heterodoxa que Cesariny estabelecerá com Fernando Pessoa e seus heterônimos, que atingirá o ponto máximo no seu último livro, *O Virgem Negra: Fernando Pessoa explicado às criancinhas naturais e estrangeiras por M.C.V.*, de 1989.

Provavelmente escrito no ano de 1946 — conforme lemos nos versos iniciais ("Estamos no ano da graça de 1946") —, o poema foi publicado em 1953 com 17 versos a menos, proibidos pela censura. Nas edições saídas desde 1976, contudo, ao título do poema se segue a expressão "(fragmento)" e, ao final, permanecem as linhas pontilhadas que indicariam a interdição operada anos antes, já que, como afirma o autor em 1982, "o que está publicado é apenas um extrato, cerca de um terço falta, foi cortado por falar de Salazar e depois perdido".[7] A manutenção do pontilhado, porém, faz com que se realize visualmente no

---

[6] Também Maria de Fátima Marinho, op. cit., p. 321, sublinha essa característica topográfica e toponímica do livro.

[7] Mário Cesariny, entrevista a Fernando Vale. "Mário Cesariny: 'Não vamos dizer surrealismo vamos dizer poesia'", *Jornal de Letras, Artes e Ideias*, Lisboa, 3 a 16 ago 1982, p. 3.

poema não apenas a censura política, mas também certa incapacidade de se expressar diante duma "nova espécie de enforcado" que trabalha afixando cartazes em que se lê "VOTA POR SALAZAR".

Como escreve na nota que precede "louvor...", trata-se de "'simplificar' Fernando Pessoa tomando de empréstimo alguma da sua linguagem, e reduzi-lo ao voto de um barco para o Barreiro". Se a referência ao barco para o Barreiro nos faz associar o poema de Cesariny à "Ode marítima" de Álvaro de Campos, a descrição inicial do movimento da cidade pela manhã, em que "um milhão de pessoas está a sair para a rua", com os "alfaiates, telefonistas, varinas, caixeiros desempregados / uns com os outros, uns dentro dos outros", se afasta da cena de abertura do poema de Campos, na qual encontramos um sujeito "Sozinho, no cais deserto":

Sozinho, no cais deserto, a esta manhã de verão,
Olho pro lado da barra, olho pro Indefinido,
Olho e contenta-me ver,
Pequeno, negro e claro, um paquete entrando.[8]

Cotejando os versos dos poemas de ambos, Maria de Fátima Marinho notará que, "na verdade, Cesariny recusa a metafísica e a abstracção que curiosamente percorre a poesia de Campos, como recusa a grandiloquência ou o seu furor emotivo e expressivo".[9] A simplificação imposta

[8] Álvaro de Campos, "Ode Marítima", in Fernando Pessoa, *Poemas de Álvaro de Campos*, fixação do texto, introdução e notas de Cleonice Berardinelli, Rio de Janeiro, Nova Fronteira, 1999, p. 32.

[9] Maria de Fátima Marinho, "Cesariny *leitor* de Álvaro de Campos", *Persona*, Porto, ago 1982, p. 32.

ao heterônimo recai, assim, não apenas sobre sua linguagem, mas também sobre as "significações metafísicas" do atracar do paquete e a angústia expressa nos versos, "uma angústia recente, / Uma névoa de sentimentos de tristeza / Que brilha ao sol das minhas angústias relvadas",[10] especialmente aquela dos versos finais da ode de Campos, em que se interpela o "lento vapor":

> Parte, deixa-me, torna-te
> Primeiro o navio a meio do rio, destacado e nítido,
> Depois o navio a caminho da barra, pequeno e preto,
> Depois ponto vago no horizonte (ó minha angústia!),
> Ponto cada vez mais vago no horizonte...,
> Nada depois, e só eu e a minha tristeza,
> E a grande cidade agora cheia de sol
> E a hora real e nua como um cais já sem navios,
> E o giro lento do guindaste que como um compasso que gira,
> Traça um semicírculo de não sei que emoção
> No silêncio comovido da minh'alma...[11]

Já no "louvor" dedicado por Cesariny, aquele sujeito que "também" vê "um vapor que ia para o Barreiro" expressa uma outra forma de angústia:

> vi também um vapor que ia para o Barreiro
> e tive pena de não ir com ele

---

[10] Álvaro de Campos, op. cit., p. 33.
[11] Álvaro de Campos, op. cit., p. 63.

mas não sou um proletário (não, ainda não)
e atravessar a nado — quem é que disse que pode?

Fiquei-me a vê-lo: primeiro junto ao cais
com um certo ar simpático de proletário dos mares
e apinhado de gente — tanta espécie dela!
Depois a meio do rio, destacado e nítido,
depois um ponto vago no horizonte (ó minha angústia!)
ponto cada vez mais vago no horizonte
e de repente, ao virar uma esquina, já depois de
outra esquina,
vejo uma nova espécie de enforcado
um homem novo em cima de um escadote
a colar afixar cartazes deste género:

      VOTA POR SALAZAR

Paro. Paro de novo. Pararei sempre enquanto
afixarem cartazes deste género.
[...]

… … … … … … … … … … … … … … … … … … … …… … … … … …
… Dá os bons dias a este irmão, a este bom irmão
que anda a colar cartazes para não morrer de fome!...
… … … … … … … … … … … … … … … … … … … …… … … … … …

No fragmento destacado acima, não apenas a referência à angústia sentida diante da visão do vapor se dá numa expressão inteiramente copiada do poema de Campos, circunscrita a um breve espaço entre parênteses e limitada a uma única menção em todo o poema de Cesariny, como também se liga, num primeiro momento, à identificação do proletário embarcado. Em seguida e repentinamente, vemos a passagem da descrição do movimento do vapor para o encontro com o "bom irmão / que anda a colar cartazes para não morrer de fome!...", provocando uma transferência da difusa angústia anterior diante do vapor para uma revolta face à passagem dos já conhecidos *embarcados* portugueses a uma "nova espécie de *enforcado*" que andava a circular pelas ruas de Lisboa "no ano da graça de 1946".

3.
Em 1947, dá-se a adesão definitiva de Cesariny ao Surrealismo, junto ao poeta Alexandre O'Neill e ao pintor João Moniz Pereira. Após uma viagem a Paris, na qual Cesariny e Moniz Pereira entram em contato com André Breton, os portugueses passam à organização — um tanto turbulenta — de dois grupos Surrealistas no país: o Grupo Surrealista de Lisboa e aquele que posteriormente será chamado de o grupo dos "dissidentes" ou, simplesmente, "Os Surrealistas". Originário da saída de Cesariny do primeiro, em 1948, o segundo grupo se forma em 1949 e reúne também António Maria Lisboa, Pedro Oom, Risques Pereira, Cruzeiro Seixas, Carlos Eurico da Costa e Fernando Alves dos Santos, alguns dos quais já se encontravam no Café Hermínius desde 1943. A atuação como um grupo coeso, porém, não durará muito tempo. Motivados pela ideia, expressa em 1950, de que "debaixo

de qualquer ditadura (fascista ou stalinista) não é possível uma actuação surrealista organizada",[12] os artistas passarão a defender um modo de atuação individual que poderia dar-se, eventualmente, em conjunto, marcando o veio libertário de suas ações.

Um dos mais destacados estudiosos do autor de *Pena capital* e do Surrealismo em Portugal, Perfecto E. Cuadrado sublinha a especificidade de uma estética surrealista, a qual "se confunde deliberadamente com uma ética e uma moral, numa tentativa de destruir as barreiras que tradicionalmente separavam Arte e Realidade, expressão e sensação ou conhecimento".[13] Desse modo, a surrealidade é tomada como "aquele ponto mágico em que o sujeito, o objecto e a expressão se fundem na experiência da beleza convulsiva que seria, agora sim, sinónimo de autêntica poesia, ou, como dizia Cesariny, de surrealismo".[14] A atividade surrealista será pensada, assim, como modo de "fixar, violentando a realidade 'presente', um novo real poético (uno)".[15]

Datam de 1947 dois acontecimentos fundamentais para a constituição de um Surrealismo em Portugal, de

---

[12] Mário Henrique Leiria et al. "Comunicado dos surrealistas portugueses", in António Maria Lisboa et al. *Três poetas do surrealismo*, organizado por Mário Cesariny, Lisboa, Biblioteca Nacional, 1981, p. 151.

[13] Perfecto E. Cuadrado, "Uma divagação final (mais) abjectamente académica: notas sobre a poesia surrealista (portuguesa)", in *A única real tradição viva: Antologia da poesia surrealista portuguesa*, Lisboa, Assírio & Alvim, 1998, p. 38.

[14] Idem.

[15] Mário Cesariny, "Sem título", in *A intervenção surrealista*, Lisboa, Assírio & Alvim, 1997, p. 89.

acordo com o autor de *Nobilíssima visão*: a organização da II Exposição Internacional do Surrealismo por Marcel Duchamp, Frederik Kiesler e André Breton, que assinala o retorno deste último a Paris após o exílio nos Estados Unidos, e a publicação, assinada por Breton, do manifesto *Rupture inaugurale*, cujo motor central é a declaração de independência do Surrealismo frente ao Partido Comunista. Configura-se, assim, um momento de virada do movimento pós-Segunda Guerra Mundial. Recusando a instrumentalização de uma prática artística alinhada ao discurso cada vez mais afeito ao stalinismo, a exposição e o manifesto defendem a retomada de pilares iniciais surrealistas, dos quais se destacam o sonho, os estados alucinatórios, o hermetismo e o pensamento automático. Como aponta Cesariny sobre esse momento, "o surrealismo em França abandonará toda a atividade de intervenção, como esta palavra se entende em política" e, a partir de então, "volta-se para a Magia, para o seu poder de decantação e transformação do mundo, e, mesmo, para sua potencialidade ritual".[16]

Distante em mais de vinte anos da publicação do *Manifeste du Surréalisme* (1924), marco de estreia universal do movimento, a organização dos surrealistas em Portugal é correntemente referida como tardia, caracterização que parece tender a uma diminuição da qualidade daqueles artistas enquanto "surrealistas". Perceber Mário Cesariny e seus companheiros como mera "franquia"

[16] Mário Cesariny, "Prefácio", op. cit., p. 10-11.

do Surrealismo internacional encabeçado por Breton é fechar os olhos para o fato de que foram produtores e praticantes de um Surrealismo no qual se destaca e se defende, sobretudo, a liberdade de elaboração de uma resposta individual à situação em que se encontravam e a aversão que manifestam relativamente às doutrinas "de movimento" — que marcaram, por exemplo, as diversas expulsões determinadas por Breton aos membros do grupo, das quais se destaca a de Antonin Artaud, artista que, para Cesariny, representava a grande vanguarda do Surrealismo, a "provada possibilidade de vida mágica, a redescoberta nela",[17] e que será homenageado no poema "a antonin artaud".

Diante do Surrealismo português, deve-se, portanto, levar em consideração a *ruptura* francesa dos finais dos anos de 1940 e, sobretudo, atentar para o contexto político social do país — afundado numa ditadura de veio fascista prestes a completar seu segundo decênio e que duraria, ainda, quase trinta anos mais —, bem como para seu cenário cultural, então predominantemente neorrealista. A respeito da situação portuguesa de então, Cesariny escreve, em "carta casi-poema para octavio paz":[18]

el Portugal de ese tiempo era una tumba cerrada por tierra mar y aire

[17] Mário Cesariny, "Prefácio", op. cit., p. 14.
[18] Poema publicado pela primeira vez em 2004, na terceira edição do livro *Pena capital*, Lisboa, Assírio & Alvim, 2004, p. 210-213.

por la ipsísima dictadura del Dr. Salazar
pero también por la pro-pre-pri dictadura de los que a
[Salazar se oponían
en nombre de otro señor que, quitado el bigote al gato
no pasaba del mismo (señor) acelerado a millones de voltios
[igualmente asesinos
Stalin Gulag y Realismo Socialista

De fato, o Surrealismo português assumiu características distintas do grupo reunido com Breton, tendo mesmo admitido outro nome: Abjeccionismo.[19] Termo cunhado por Pedro Oom, o Abjeccionismo tomará seus contornos nos finais dos anos de 1950, com os poetas e artistas reunidos não mais no Café Hermínius, mas no Café Gelo, também em Lisboa. Numa formulação que resume a "posição abjeccionista" como um necessário afastamento da atividade coletiva, Oom afirma que o Abjeccionismo "se baseia na resposta que cada um dará à pergunta: 'que pode fazer um homem desesperado, quando o ar é um vómito e nós seres abjectos?'".[20] Distingue-o do Surrealismo de expressão bretoniana, principalmente, a defesa incontestável da liberdade da atividade individual. Como aponta Pedro Oom,

---

[19] Remetemos para o estudo de Rui Sousa, *A presença do abjecto no Surrealismo português*, Lisboa, Esfera do Caos, 2016.

[20] Pedro Oom, "Pedro Oom: 'Um homem pode entrar livremente numa prisão e sair dela mais amarrado do que quando para lá entrou'", entrevista ao *Jornal Letras e Artes*, 1962, in Mário Cesariny, *A intervenção surrealista*, Lisboa, Assírio & Alvim, 1997, p. 291.

no abjeccionismo, que é, antes de tudo, uma atitude concebida para a sobrevivência do indivíduo sem lhe coarctar a livre floração da personalidade e, ao mesmo tempo, para lhe fornecer armas mentais que lhe permitam o afirmar-se eliminando os atritos que possam surgir entre ele e os outros indivíduos do agregado social a que pertence, também se acredita numa Realidade Absoluta e o seu fim é o mesmo do surrealismo: a transformação dos valores básicos da sociedade "moderna", dita civilizada, através da transformação moral e espiritual do indivíduo isolado, isto é, considerado isoladamente como um todo e não como mera peça da colectividade, pois os homens não trabalham e sofrem com o pensamento na colectividade, mas somente para a felicidade própria. A colectividade é uma abstração tão limitada como as de raça, clã, etc., e em nome da qual se continuam a cometer os maiores abusos, violências e prepotências. Numa sociedade dualista, dividida entre duas grandes forças antagónicas, em que cada uma se engrandece à custa da existência da outra, o Poeta só tem como alternativas a angústia ou a abjecção. Se escolhemos esta última é porque ela nos mantém ainda uma réstia de esperança quanto ao destino do Homem.[21]

Fernando Cabral Martins, em seu livro dedicado a Mário Cesariny, aponta que o Abjeccionismo seria

o outro nome da consciência da impossibilidade de ser surrealista — e poeta, e artista, e homem livre — num país submetido à censura e à polícia política. E, nessa circunstância,

[21] Pedro Oom, op. cit., p. 291-292.

isso também quer dizer que o Abjeccionismo é a única forma que pode tomar a afirmação incongruente, mas impossível de silenciar, da liberdade como única causa.[22]

Cesariny, porém, não deixará nunca de reivindicar o Surrealismo. Como o surrealista que foi, recusou insistentemente a sua redução a uma concepção de escola ou movimento artístico e defendeu a adoção permanente de uma atitude de intervenção no mundo, cujo intuito seria fazer "arder por completo" "a locomotiva, a estação de chegada, os raills e os passageiros".[23] Sublinhando a importância da experiência individual, sua prática artística foi por ele definida como uma atividade vital, que se expande em direção à adoção de uma postura diante do mundo, encarnada na figura do poeta que sai à rua, seguindo a ideia de que, "com o surrealismo, a poesia fez-se olhos e ouvidos, acto testemunhado".[24] Ao assinalar que o Surrealismo é um convite libertário, poético, amoroso e imaginativo, o poeta português se encontra com a visão, expressa por Octavio Paz, de que o "surrealismo não se propõe tanto à criação de poemas, como à transformação dos homens em poemas viventes",[25] abolindo, com

---

[22] Fernando Cabral Martins, *Mário Cesariny e O Virgem Negra ou A morte do autor e o nascimento do actor*, Lisboa, Assírio & Alvim, 2016, p. 28.

[23] Mário Cesariny, "Sem título", in *A intervenção surrealista*, Lisboa, Assírio & Alvim, 1997, p. 89.

[24] Mário Cesariny, "Prefácio", op. cit., p. 9.

[25] Octavio Paz, "El verbo descarnado", in *La búsqueda del comienzo (escritos sobre el surrealismo)*, 2ª ed., Madrid, Editorial Fundamentos, 1980, p. 83, tradução nossa. "El surrealismo no se propone tanto la creación de poemas como la transformación de los hombres en poemas vivientes".

isso, a antinomia "poeta e poesia". Desse modo, o termo "Surrealismo" atravessará a obra de Cesariny, suas manifestações e declarações públicas e persistirá até o fim como sinônimo de Poesia, de Liberdade e de Amor.

4.

Movimentada pela recusa do poder exercido pelo Estado Novo de António de Oliveira Salazar e de Marcelo Caetano, a ação poética de Cesariny se dará, portanto, inicialmente, como uma via de resistência alternativa ao Neorrealismo e, continuamente, como um modo de invocação do amor, da liberdade e da imaginação para a transformação da vida. Invertendo o discurso de Salazar, segundo o qual "autoridade e liberdade são dois conceitos incompatíveis", Cesariny proclamará, em panfleto de 1958, que "Autoridade e Liberdade são uma e a mesma coisa".[26] "Autoridade" não se refere a um poder instituído que exerce um controle autoritário sobre todos, mas significa aquilo que é próprio do autor e que só pode existir enquanto houver a possibilidade de se autoafirmar enquanto sujeito da sua própria descoberta, de se autografar, como explora no poema "autografia I", de *Pena capital*. A descrição de si é tomada como um modo de constituição e de emergência do sujeito e, ao invés de pintar uma imagem total de um "homem / um poeta", aponta para um incessante movimento de transformação desejante daquele que declara: "sou, por fora de mim, a minha gabardina / e eu o pico do Everest":

[26] Mário Cesariny, "Autoridade e Liberdade são uma e a mesma coisa", in *As mãos na água a cabeça no mar*, Lisboa, Assírio & Alvim, 1985, p. 73-75.

Sou um homem
um poeta
uma máquina de passar vidro colorido
um copo   uma pedra
uma pedra configurada
um avião que sobe levando-te nos seus braços
que atravessam agora o último glaciar da terra

Já a "liberdade", que é "a mesma coisa" que "autoridade", está atrelada ao irreprimível exercício de reivindicação da voz autoral, prática diária e incessante da fundação de seu lugar de autor e de sua descoberta como sujeito livre e "capaz", pois "não existe homem livre senão na conquista de liberdade":[27]

> Pode-se prender um homem e pô-lo a pão e água. Pode tirar-se-lhe o pão e não se lhe dar a água. Pode-se pô-lo a morrer, pendurado no ar, ou à dentada, com cães. Mas é impossível tirar-lhe seja que parte for da liberdade que ele é.
> Ser-se livre é possuir-se a capacidade de lutar contra o que nos oprime. Quanto mais perseguido, mais perigoso. Quanto mais livre, mais capaz.[28]

Temos, aí, algumas pistas para a compreensão de dois termos fundamentais na sua poética e que serão por ela insistentemente postos a circular. A coincidência de au-

---

[27] Mário Cesariny, "Sobre 'realismo e realidade na literatura contemporânea'", op. cit., p. 97.
[28] Mário Cesariny, "Autoridade e Liberdade são uma e a mesma coisa", op. cit., p. 75.

toridade e liberdade depende de um exercício que mostra que "não se trata do poema a domicílio uma vez por semana ou mil vezes por dia, trata-se de um ataque e de uma defesa inextrincavelmente ligados à expressão do ser vivo, trata-se de todos os homens e de todos os dias".[29]

Desse modo, a prática poética poderia, no limite, prescindir mesmo da existência de uma "obra" escrita ou plástica. Apresenta-se, portanto, como modo de agir no mundo, já que "mesmo em pleno delírio de interpretação o rumo é a Cidade, ainda que para tocar-lhe o coração seja preciso destruir-lhe as pedras"[30] e está indissociavelmente vinculada à presença do corpo do artista nas ruas da cidade e em seus cafés.[31] Por esse motivo, Cesariny declara: "Nunca escrevi um poema em casa". A respeito da atuação dos surrealistas durante o regime ditatorial, em entrevista de 2002, aponta que:

> As nossas intervenções eram um bocado aparecer, dizer, sair logo e aparecer noutro lado: uma guerrilha. Como não podíamos fazer uma revolução — e não fizemos, claro —, a nossa revolução foi uma espécie de implosão, foi cá dentro que explodiu; para fora não podia sair, que a censura não deixava, foi por dentro.[32]

---

[29] Mário Cesariny, "Prefácio", in *A intervenção surrealista*, Lisboa, Assírio & Alvim, 1997, p. 13.

[30] Mário Cesariny, op. cit., p. 9.

[31] A esse respeito, leia-se o poema "XVII", de *Discurso sobre a reabilitação do real quotidiano*.

[32] Mário Cesariny, entrevista a Óscar Faria, in *Público*, Lisboa, 19 jan 2002, p. 17.

Ao conceber o fazer artístico como guerrilha, o poético vai ao encontro de uma ética e se apresenta diante dos olhos dos leitores um pedido para que percebam que "Afinal o que importa não é a literatura / nem a crítica de arte nem a câmara escura", e que considerem o "ataque" como a criação de um lugar de exercício de liberdade. Sua obra, portanto, manifestará uma prática singular e profundamente amorosa — um amor às ruas, a si próprio, aos encontros, e um amor por homens, pelas obras alheias com as quais dialoga, pelo interlocutor que é insistentemente chamado ao interior de seus versos. Num poema como "voz numa pedra", lemos essa urgência do ato poético-amoroso sobre o mundo:

> sei muito bem que soube sempre umas coisas
> que isso pesa
> que lanço os turbilhões e vejo o arco-íris
> acreditando ser ele o agente supremo
> do coração do mundo
> vaso de liberdade expurgada do mênstruo
> rosa viva diante dos nossos olhos
> Ainda longe longe a cidade futura
> onde "a poesia não mais ritmará a acção
> porque caminhará adiante dela"
> Os pregadores da morte vão acabar?
> Os segadores do amor vão acabar?
> A tortura dos olhos vai acabar?
> Passa-me então aquele canivete
> porque há imenso que começar a podar

Já em "you are welcome to elsinore", são "os braços dos amantes [que] escrevem muito alto / muito além do azul onde oxidados morrem". Publicado em *Pena capital* (1957), o poema é considerado por alguns críticos como um dos maiores exemplos da poética cesariniana.[33] Como apontou o poeta e ensaísta Manuel Gusmão, põe-se em cena o "perturbante intervalo" que separa "os emparedados, aqueles que estão prisioneiros entre as paredes da cidade moderna ou entre o pouco de realidade que nos querem impor como todo o real acessível e as palavras".[34] O Elsinore ao qual chegamos quando atravessamos o título — espécie de umbral para os seus versos — estabelece uma correspondência entre o castelo de *Hamlet* de Shakespeare e o Portugal noturno do emparedamento e do silenciamento. A aproximação entre o "eu" e o leitor, refletida no uso do pronome "nós" em todo o poema, provoca, porém, o reconhecimento da condição comum à qual estão sujeitos todos os seres humanos:

> Entre nós e as palavras há metal fundente
> entre nós e as palavras há hélices que andam
> e podem dar-nos morte   violar-nos   tirar
> do mais fundo de nós o mais útil segredo
> entre nós e as palavras há perfis ardentes

---

[33] Dois ensaios de sublinhada relevância para a leitura desse poema são o de Perfecto E. Cuadrado, "You are welcome to Elsinore", que sucede o poema na antologia *Século de Ouro: Antologia crítica da poesia portuguesa do século XX*, organizada por Osvaldo Silvestre, Lisboa, Cotovia, 2002, e o de Manuel Gusmão, "Entre nós e as palavras (Mário Cesariny)", de *Tatuagem e palimpsesto: da poesia em alguns poetas e poemas*, Lisboa, Assírio & Alvim, 2010.

[34] Manuel Gusmão, op. cit., p. 398.

espaços cheios de gente de costas
altas flores venenosas   portas por abrir
e escadas e ponteiros e crianças sentadas
à espera do seu tempo e do seu precipício.

A expressão que funciona como um refrão será retomada pelo dístico final e repetida em ambos os versos: "Entre nós e as palavras, os emparedados, / e entre nós e as palavras, o nosso dever falar". Em 2006, essa mesma estrofe será modificada por Mário Cesariny na sessão de gravação em áudio de seus poemas. Ao final da leitura, ouvimos o poeta dizer "aqui está 'dever', mas é 'querer'".[35] A mudança parece acarretar o afastamento do compromisso moral implicado no "dever" e a convocação da vontade própria e do desejo como motores da fala. Em nota ao poema, Perfecto E. Cuadrado relata que Cesariny "não acabava de gostar desse 'dever' e que talvez fosse melhor substituí-lo por um muito mais livre 'querer' que sublinhasse a afirmação da vontade individual face às imposições do meio".[36]

5.

Em *Autografia: Um retrato de Mário Cesariny*, documentário de Miguel Gonçalves Mendes, de 2004, o poeta relata que seus poemas, "mesmo os de amor trazem

[35] Mário Cesariny, *Poemas de Mário Cesariny escolhidos e ditos por Mário Cesariny*, Lisboa, Assírio & Alvim, 2007.

[36] Perfecto E. Cuadrado, "Notas", in Mário Cesariny, *Poesia*, edição, prefácio e notas de Perfecto E. Cuadrado, Lisboa, Assírio & Alvim, 2017, p. 729.

um grito de revolta. [...] São o miau-miau do gato a quem apertaram demais o rabo".[37] Homossexual, Cesariny foi vigiado pela ditadura salazarista e considerado, até a revolução do 25 de Abril de 1974, como sublinha, "suspeito de vagabundagem". A experiência do amor-revolta de um homem a quem controlaram incessantemente a vida emerge em poemas nos quais se estruturam cenas de busca reiterada por um "tu". Neles, a procura revela a condição do sujeito poético: seu constante exercício libertário — poético e político — implica também sua solidão.

Em poema de *A cidade queimada*, livro publicado em 1965, a solidão se manifesta, também, no descompasso entre o sujeito e o seu corpo:

Nunca estive tão só diz o meu corpo e eu rio-me
lembra-me alguém que se atardava sempre
diante de uma montra da rua da palma
a olhar para uma camisa que seria sua
[...]
Nunca estive tão só diz o meu corpo e eu rio-me
porque o corpo é o corpo
não tem nada a fazer   não tem para onde ir
não lembra   não se lembra   quer estar sempre agarrado
suprimido
apertado
e se é belo é pior

[37] Mário Cesariny, entrevista a Miguel Gonçalves Mendes, *Autografia*, Lisboa, Atlanta Filmes, 2004.

vive num amarrote permanente
Sim decerto matéria atrai matéria
a boca faz-se sangue o sangue faz-se esperma
a urina espera a custo que o esperma se faça
para vir de novo à superfície do ar
Quando o total atinge a sua forma ejectável
preme-se noutro corpo noutros lábios idênticos
mas do lado de lá como num espelho
sua fiel imagem convertida
[...]

Isso o meu corpo quer — o corpo — noite e dia
ele julga que eu tenho a idade dele
que ainda só sei do homem pelo que transporta
a meia-nau sobre o alto das pernas

    O livro de 1965, cujo título é uma tradução daquele de uma tela de Vieira da Silva de 1955[38] descrita por Cesariny como "uma obra prodigiosa — de afirmação e síntese",[39] dá notícia, junto à seção "Poemas de Londres",[40] publicada originalmente em *19 projetos de prémio Aldonso Ortigão seguidos de Poemas de Londres*, em 1972, de uma fase da produção e da vida do autor num contexto distinto

---

[38] *La ville brûllée*, 1955, óleo/tela. Col. particular, Paris.

[39] Vieira da Silva e Mário Cesariny, *Gatos comunicantes: correspondência entre Vieira da Silva e Mário Cesariny (1952-1985)*, apresentação José Manuel dos Santos, edição e textos de Sandra Santos e António Soares, Lisboa, Sistema Solar (Documenta), Fundação Arpad Szenes — Vieira da Silva e Fundação Cupertino de Miranda, 2018, p. 88.

[40] Representada, nesta antologia, pelos poemas "outra coisa", "olho o côncavo azul", "being beauteous", "ode a outros e a maria helena vieira da silva", "o inquérito" e "atelier".

daquele observado nos anos anteriores. Trata-se de um período de viagens por países como França, Inglaterra, Holanda, Bélgica e Suíça, cujo início foi proporcionado por uma bolsa de estudos que recebeu em 1964 da Fundação Calouste Gulbenkian. O objetivo da pesquisa na fundação era a elaboração de um livro sobre a obra da pintora Maria Helena Vieira da Silva (1908-1992), radicada em Paris, portuguesa de origem, mas apátrida desde seu casamento com o pintor húngaro Arpad Szenes (1897-1985). A publicação prometida só viria à luz duas décadas após o começo da investigação, com *Vieira da Silva / Arpad Szenes ou O Castelo Surrealista* (1984).

Vemos, na produção do período, manifestar-se de forma mais nítida aquilo que Manuel Gusmão aponta como marca distintiva da poética cesariniana: "Uma maior visibilidade do corpo erótico, uma mais forte sexualização do Eros e uma mais nítida indignação com a desfiguração humana implicada pela repressão da pulsão homoerótica".[41] Nos versos destacados acima, Cesariny recorre a imagens também utilizadas em outros escritos de expressão homoerótica — destacadamente, o espelho e o navio — presentes em poemas como "o navio de espelhos", que "não navega, cavalga", e "o inquérito", poema a três vozes, em que lemos a "história / de espelhos deitados ao longo da praia", e que podemos associar ainda, em sua

---

[41] Manuel Gusmão, op. cit., p. 393-394.

pintura, à figura do marinheiro e à linha de água.[42] Em "o inquérito", lemos:

> 2.ª Voz
> Se houvesse uma chave para abrir esta história
> de espelhos deitados ao longo da praia
>
> 3.ª Voz
> Porque é que não se largavam? Porque é que não tinham casa?
> Porque é que a cara deles estava sempre maior?
> Mais imóvel? Mais lenta? Mais cega de claridade?

Uma vivência menos vigiada da sexualidade que suporíamos ter sido proporcionada pela saída dos muros do Portugal ditatorial, contudo, não se confirma — e sabemos, hoje, dos dois meses na prisão que passou Cesariny enquanto estava em Paris, em 1964.[43] As marcas

---

[42] As "Linhas de água" constituem a série de pintura mais duradoura de Cesariny. O seu início data de 1976 e até pelo menos 1986 o artista produziu obras sob essa denominação. O tema, porém, pode ser percebido desde uma obra como "O Surrealismo", de 1959, até um acrílico como "Jippur", de 2002. João Lima Pinharanda, crítico de arte que se debruça sobre a obra plástica de Cesariny, descreve a série como "paisagens de praia, mar e céu como espelhos de um rosto, de um desejo imenso". João Lima Pinharanda, "Mário Cesariny, paisagens espelhos de um rosto", *Jornal de Letras*, Lisboa, 12 jan 1987, p. 19.

[43] A esse respeito, veja-se a correspondência de Cesariny com Maria Helena Vieira da Silva e Artur do Cruzeiro Seixas. Vieira da Silva e Mário Cesariny, *Gatos comunicantes: correspondência entre Vieira da Silva e Mário Cesariny (1952-1985)*, apresentação José Manuel dos Santos, edição e textos de Sandra Santos e António Soares, Lisboa, Sistema Solar (Documenta), Fundação Arpad Szenes — Vieira da Silva e Fundação Cupertino de Miranda, 2018, e Mário Cesariny, *Cartas de Mário Cesariny para Cruzeiro Seixas (1941-1975)*, edição de Perfecto E. Cuadrado, António Gonçalves e Cristina Guerra, Lisboa, Sistema Solar (Documenta) e Fundação Cupertino de Miranda, 2014.

constantes da proibição e da opressão, como o aprisionamento a chave da "história de espelhos", as referências à solidão e ao desencontro inscrevem nos poemas a lembrança inelutável de que essas experiências não ocorrem com a liberdade a que almejam. Em "being beauteous", título igual ao de um poema de Rimbaud em *Illuminations*,[44] lemos:

> O meu amigo inglês que entrou no quarto da cama e correu
> [de um só gesto todas as cortinas
> sabia o que corria
> digo disse direis era vergonha
> era sermos estranhos   mais do que isso: estrangeiros
> e tão perto um do outro naquela casa

A referência à solidão como elemento indissociável das cenas de encontro com um "amigo" ou com um "corpo" se destaca, também, na expressão "encontrado perdido" que aparece ao longo da obra escrita como manifestação exemplar do descompasso entre uma permanente espera pela chegada do amante e a sua própria ausência ao encontro, repetida em diversos poemas, como no já citado "autografia I" ou "concreção de saturno", e cujos ecos notamos em muitos, como em "poema [Em todas as ruas te encontro]" e em "estação", todos estes em *Pena capital*.

---

[44] Livro traduzido por Mário Cesariny e publicado no mesmo ano de *19 projectos....* Jean-Arthur Rimbaud, *Iluminações/Uma cerveja no inferno*, versão e tradução de Mário Cesariny, 5ª ed., Lisboa, Assírio & Alvim, 2017 [1989].

Neles, o encontro e a perda do outro na cidade aprofundam a urgência da busca empreendida por esse sujeito, cuja solidão é vivida no espaço público. Em "poema":

> Em todas as ruas te encontro
> em todas as ruas te perco
> conheço tão bem o teu corpo
> sonhei tanto a tua figura
> que é de olhos fechados que eu ando
> a limitar a tua altura

Já em "estação":

> Muita vez vim esperar-te e não houve chegada
> De outras, esperei-me eu e não apareci
> embora bem procurado entre os mais que passavam.
> Se algum de nós vier hoje é já bastante
> como comboio e como subtileza
> Que dê o nome e espere. Talvez apareça

Para além de apontar a falta do outro, a reencenação repetida do desencontro reafirma, contudo, a esperança da sua chegada. A espera, assim como a procura, se dá no presente — como prática diária de uma resistência individual e de ocupação da via pública, ainda que o outro não apareça. O verso final de "estação" reforça a persistência do sujeito em aceitar a possibilidade da sua chegada, em estar permanentemente disposto ao seu encontro. Nesse sentido, se a vivência livre é concebida como um exercício individual, ela só pode ser experimentada por quem se posiciona ativamente à espera do encontro com alguém que lhe diga o valor da viagem, como lemos no poema "VII", de *Discurso sobre a reabilitação do real quotidiano*, em que encontramos anunciado o "navio de espelhos":

> como estar egípcio e mudado
> no salão do navio de espelhos
> como nunca ter embarcado
> ou só ter embarcado com velhos
>
> como ter-te procurado tanto
> que haja qualquer coisa quebrada
> como percorrer uma estrada
> com memórias a cada canto

Segundo livro publicado por Cesariny, em 1952, *Discurso sobre a reabilitação do real quotidiano* desenvolve uma reestruturação da vida na cidade a partir da montagem de pequenas cenas observadas por um poeta solitário que por elas deambula. O *flâneur* decaído em vadio percorre um caminho característico da poesia moderna desde Baudelaire e de sua trajetória portuguesa com Cesário Verde. Os poemas do livro reúnem partes de uma realidade fragmentada e uma tentativa fracassada de "reabilitação" da vida "no país no país no país onde os homens / são só até ao joelho",[45] fazendo com que emerja, então, um modo de reabitar a cidade: vadiando. Como afirmará

[45] Poema "IX" de *Discurso sobre a reabilitação do real quotidiano*.

o autor anos mais tarde, "em realidade abjecta, não há nada para reabilitar, sendo a única estrada de fortuna a da vagabundagem social, moral e política".[46]

Locais privilegiados para se lançar aos encontros e pôr em movimento o projeto, as ruas e os cafés serão constantemente reapresentados nos poemas, fazendo com que a cidade apareça em sua publicidade, habitada por um sujeito que insiste na necessidade de restituir ao cotidiano o seu encantamento por força poética. É assim que a sua poesia propõe aos leitores, também, um novo modo de ver o mundo, sobrepondo à cidade uma outra cidade, "com memórias a cada canto", e nos convoca, por meio do uso reiterado do pronome "tu", para assumirmos a condição de interlocutores, ocupando o lugar antes destinado àquele que se procurava em "todas as ruas".

6.

Tomar o poético como intervenção, seja coletiva, seja como transformação "cá dentro", é uma forma de extrapolar os limites do poema para encontrar um modo de vida. Trata-se da crença de que "só a imaginação transforma. Só a imaginação transtorna".[47] Como registra, em 1970: "Há muito que vejo inútil a comunicação que se exerce fora do campo, algo obscuro, convenho, da criação poética — o que não significa exclusivamente o poema. Da

[46] Mário Cesariny, "Notícia biográfica", in *Mário Cesariny*, textos de Raúl Leal, Natália Correia e Lima de Freitas, Lisboa, Direcção-Geral da Acção Cultural, Secretaria de Estado da Cultura, 1977, p. 46.

[47] Mário Cesariny, "Sem título", in *A intervenção surrealista*, Lisboa, Assírio & Alvim, 1997, p. 89.

linguagem — seja ela a dos surdos-mudos — hieroglífica — que não é ela própria uma revolução" e, em seguida, faz um adendo: "((...) toda a linguagem ausente de impulsão criadora me parece coroada de inanidade. O que evidentemente é, se me afigura, uma das vitórias do espírito surrealista [Em mim])".[48]

No livro *Manual de prestidigitação* (1956), vemos a transformação do poeta em um ilusionista, apresentando aos seus leitores a possibilidade de acessar os seus "truques" para que sejam capazes de, quem sabe, também perseguirem uma via própria de reabitação do mundo. Em "arte de inventar os personagens", poema de abertura do livro, somos ensinados a força criadora da nomeação e o poder genesíaco da palavra poética:

> Pomo-nos bem de pé, com os braços muito abertos
> e olhos fitos na linha do horizonte
> Depois chamamo-los docemente pelos seus nomes
> e os personagens aparecem

Em outros poemas, revela-se uma dimensão espetacular, com diversas "cenas" conduzidas pelo prestidigitador sobre um palco — como em "cena para o final de um terceiro acto" ou em "coro dos maus oficiais de serviço na corte de epaminondas, imperador" — nos bastidores do qual encontramos um "camarim".

---

[48] Mário Cesariny, "Rien ou quoi?", in *As mãos na água a cabeça no mar*, Lisboa, Assírio & Alvim, 1985, p. 206. Os colchetes são do original.

Também a experiência de leitura e de contato com as obras de outros artistas e poetas se apresenta como um marco constitutivo desse modo de estar. Assim, para além do endereçamento a um "tu" amante e leitor dos seus versos, é possível perceber uma curiosa passagem do *"tu--amante-leitor-procurado"* a um *"tu-obra-lida-vista"*, que contribui para a construção da imagem do autor como um leitor e um espectador. No poema "pena capital", cuja estrutura remete a um texto teatral, com rubricas e falas de diferentes personagens, encontramos um Poeta diante de um livro, de cujas páginas sairá um António materializado. Os dois, acompanhados pelo Azul, se lançarão em uma viagem cósmica que vai desde seu "atelier nos astros", passando da Terra para O Mar, do Mar para o céu, numa ascensão vertiginosa, ultrapassando Deus e o Olimpo, para cair, novamente, no atelier do Poeta:

O Poeta, exorcismando no seu atelier nos astros:
das páginas do livro jovialmente aberto
primeiro os pés   depois a cabeça   sais tu
não estás nada parecido
mas és sem dúvida o que se pôde arranjar

Olho-te no meu espelho de atravessar os mares
olho-te com simpatia   com anterior amizade
respiras
tu respiras!
e deste um passo para o lado como quem chega
um pouco mais a si o seu ar pessoal

Caramba caramba António
já estás muito mais parecido
ou então era eu que não me lembrava
Olha hoje o teu clima está magnífico
olha vamos sair desta cidade
onde o teu clima é sempre para dividir por cinco
vamos para as praias da alma arrebentar-nos vivos
vamos ser os heróis de uma tragédia química
e convidamos o Azul por uma questão de princípio.

O "tu" convocado a dialogar e a embarcar na viagem do poema é, assim, também o autor da obra alheia que "sai" do livro e "respira" — de modo muito similar ao ensinamento de "arte de inventar os personagens". Assim, seu interlocutor será constituído pelo deslocamento de vozes, versos e imagens alheias para o interior dos seus poemas. No caso de "pena capital", temos a sensação de estarmos diante de um António Maria Lisboa, que, falecido alguns anos antes, em 1953, seria ressuscitado pela atividade de leitura que se encena.

Entremeadas de citações e de referências a outros artistas — frequentemente nomeados em seus títulos —, as composições de Cesariny revelam que a "consumação" de uma obra se dá por meio de uma apropriação irreverente dos demais Autores e da aceitação de que aquela que constrói é, também, "independente do obreiro", como lemos especialmente em "tal como catedrais", de *Manual de prestidigitação*:

Consumada a Obra fica o esqueleto da mesma
e as inerentes avarias centrais
entre céu e terra à espera do descanso
Consumada a Obra ficamos   tu e eu
pensando frases como: como é possível?
                               o que foi que fizemos?
ou esta, mais voraz que todas as anteriores:
                Onde está a camisola?
[...]

Sim consumada a Obra sobram rimas
pois ela é independente do obreiro
no deitar a língua de fora, no grande manguito aos Autores
é que se vê se uma obra está completa

Se retomarmos um poema mencionado anteriormente, poderemos perceber como essa forma de atuação irreverente sobre o trabalho alheio se faz presente desde uma de suas primeiras publicações. Para além das diminutas iniciais minúsculas, "louvor e simplificação de álvaro de campos" é, já pelo seu título, um poema que tem como base o diálogo com o heterônimo pessoano e, por esse caminho, não é demais supor que fará referência a toda a obra de Fernando Pessoa e, por extensão, aos artistas de *Orpheu*.[49] De fato, Mário de Sá-Carneiro é um dos que são louvados por Cesariny:

---

[49] *Orpheu – Revista Trimestral de Literatura* é a revista considerada a responsável por introduzir o Modernismo em Portugal, de que foram publicados apenas dois números, em 1915. No primeiro deles, sob a direção de Luís de Montalvor e Ronald de Carvalho, vemos reunidos

Com certa espécie de solidariedade
lembro-me de ti, Mário de Sá-Carneiro,
Poeta-gato-branco à janela de muitos prédios altos.
Lembro-me de ti, ora pois, para saudar-te,
para dizer que bravo e bravo, isso mesmo, tal qual!
Fizeste bem, viva Mário!, antes a morte que isto,
viva Mário a lançar um golpe de asa e a estatelar-se todo
cá em baixo

No entanto, também se incluem aí referências aos versos de um poeta como Cesário Verde — na "varina que infectou a perna esquerda nos lixos da Ribeira" e que evoca as varinas que vivem onde "o peixe podre gera focos de infecção"[50] de "O sentimento dum ocidental"; na solidariedade ao vizinho "sapateiro-gato-branco", cuja janela está "ao nível do mundo", que parece espelhar a vizinha "pobre esqueleto branco" do poema "Contrariedades";[51] e na cena de deambulação pela cidade moderna que, se

nomes como Fernando Pessoa, que publica seu drama "O marinheiro", Álvaro de Campos, com "Ode triunfal" e "Opiário", Mário de Sá-Carneiro, com os poemas "Para os *Indícios de Oiro*", e José de Almada Negreiros com os contos "Frisos". O segundo número da revista, sob a direção de Fernando Pessoa e Mário de Sá-Carneiro, além de ampliar as participações do campo literário, com Raul Leal e Ângelo de Lima, contou também com ilustrações de Santa-Rita Pintor. Para o terceiro número, que planejavam publicar em 1916, os diretores haviam previsto a contribuição do pintor Amadeo de Sousa Cardoso. Apesar do que sugere o seu título, portanto, *Orpheu* não foi apenas uma *revista literária*, tendo proposto a articulação de diversas linguagens artísticas – desde a poesia e o drama, até a pintura, passando pelo design gráfico da publicação, comandado por José Pacheco.

[50] Cesário Verde, "O sentimento dum ocidental", in *Poesia completa (1855-1886)*, fixação do texto e nota introdutória de Joel Serrão, revisão e notas de Joel Serrão, Lisboa, Dom Quixote, 2001, p. 123-131.

[51] Ibid., p. 87-89.

descreve os passos do cotidiano lisboeta, só o faz por meio da apresentação do poeta como o operador de sua transfiguração.

O exercício de leitura presente ao longo de toda a trajetória de Cesariny é cuidadosamente explorado na obra de 1989, *O Virgem Negra: Fernando Pessoa explicado às criancinhas naturais e estrangeiras por M.C.V.* — entenda-se, Mário Cesariny de Vasconcelos. Apesar da aparente distância temporal a separar os poetas — um nascido em 1923, outro falecido em 1935 —, se considerarmos as datas de publicação das suas obras, os dois autores são contemporâneos. Em 1942, altura em que Cesariny teria começado a escrever os seus primeiros poemas, inicia-se a longa história de edição dos textos inéditos de Fernando Pessoa — ainda hoje em curso — que, em 1982, culminará com o lançamento do *Livro do desassossego*, a preceder *O Virgem Negra* em apenas sete anos. Como aponta Fernando Cabral Martins, "os anos 80 assistirão talvez ao clímax da fortuna crítica e da euforia editorial de Pessoa — e são também um momento de mutação crítica. São anos que avolumam uma resistência extrema a Pessoa por parte dos escritores portugueses".[52]

O último livro de Cesariny, uma grande paródia da poética de Pessoa e da sua transformação em um poeta-mito, reorganizará, assim, os poemas do ortônimo e os de seus heterônimos de acordo com a explicação cesariniana, justapondo, por vezes, transcrições de fragmentos inaltera-

[52] Fernando Cabral Martins, op. cit., p. 13.

dos da obra. A explicação às criancinhas, em que lemos inúmeras alusões a uma sexualidade reprimida, mas insistentemente referida, propõe ao leitor uma atividade de rememoração e de leitura da obra original da qual parte. Desse modo, diante de um poema como "[Dizem que sou um chão]", o leitor será levado ao encontro de um outro poema, o parodiado "Isto", de Pessoa. No de Cesariny, encontramos:

> Dizem que sou um chão
> De rodas de veículos,
> Dizem que é assim mas não,
> Eu simplesmente são
> Com a imaginação.
> Nunca uso testículos.

No de Pessoa:

> Dizem que finjo ou minto
> Tudo que escrevo. Não.
> Eu simplesmente sinto
> Com a imaginação.
> Não uso o coração.[53]

Os deslocamentos operados sobre trabalhos diversos, para além de constituírem um modo de fazer e de falar em que se revela a atividade empreendida pelo autor, exigem,

[53] Fernando Pessoa, *Obra poética de Fernando Pessoa*, vol. 1, Rio de Janeiro, Nova Fronteira, 2016, p. 152.

sobretudo, uma forma de ler àqueles que se debruçam sobre suas composições. Assim, o complicado jogo de menções às produções alheias acende uma centelha de dúvida a respeito da autoria dos versos assinados por Mário Cesariny, criando sobre ele a figura de um poeta semiplagiário, e fazendo com que o leitor se perceba, também, subitamente acompanhado de outros vultos, como Cesário Verde, Teixeira de Pascoaes, Mário de Sá-Carneiro, André Breton, António Maria Lisboa, Eugénio de Andrade e Shakespeare — só para citar alguns.

Desse modo, o seu intenso contato com o universo artístico constituirá uma fala, uma língua. Diante das telas de Maria Helena Vieira da Silva, sem dúvida um dos mais marcantes encontros com o fazer alheio em sua trajetória, Cesariny escreveria, em 1970, que "a sua pintura obriga ao silêncio. Como falar *sob* a sua pintura?".[54] Em simultâneo, a obra de Vieira da Silva cala e impossibilita a elaboração simbólica por aquele que com ela se confronta, mas provoca também a urgência da invenção de um novo código: "*como* falar?".

Uma tentativa de resposta a essa pergunta será formulada em "ode a outros e a maria helena vieira da silva", poema em que se justapõem — quase como numa colagem — citações de Mircea Eliade, referências a Arthur Rimbaud, William Shakespeare, Luiz Pacheco, ao pianista Sviatoslav Richter, a Rembrandt, a "outros" e às telas de Vieira da Silva:

[54] Mário Cesariny, "Carta aberta a Maria Helena Vieira da Silva", in *As mãos na água a cabeça no mar*, Lisboa, Assírio & Alvim, 1985, p. 182.

Por isso a tua Cidade Suspensa é toda a nossa história
                              [por contar
o nó que nos cerca a garganta sabiamente o abriste
                         [sobre a tela
a negro e a vermelho a cinza e a branco silvestre
para sempre livres do dédalo nosso
mas como ele mudo   silêncio do nosso silêncio
E todas as bibliotecas inundadas perdidas incendiadas
todas as quimeras onde houve gente e de que não resta
                              [pedra sobre pedra
rosto ao lado de um rosto num portal antigo
por isso a tua Gare Ilimitada a que arrancaste portas
        [e telhado para homens e mulheres poderem
                              [sempre partir
e os infindáveis baralhos de cartas onde a cada momento
                    [interrogaste o destino
ó vieira das silvas dos teus cabelos
presos à dança da pedra e do ar

No livro *Primavera autónoma das estradas* (1980), obra composta de colagens, desenhos, traduções e poemas em francês, encontramos um conceito que talvez seja o que mais caracteriza o gesto criativo em Cesariny. Trata-se de uma citação de Novalis, utilizada como epígrafe da obra:

O 'escrever em comum' é um sintoma curioso que faz prever um grande aperfeiçoamento na arte da escrita. Talvez cheguemos a poder escrever, pensar, agir em comum. Comunidades inteiras, e mesmo nações poderão empreender uma obra.

Há, de fato, muitas passagens de outros artistas, como a "passagem do antimundo dante alighieri", e inúmeras dedicatórias, como aquela escrita em "poema em duas línguas gémeas para joan miró", por meio das quais defende a escrita em comum. No livro de 1980, a seção "les hommages excessives" é inteiramente composta de poemas em francês, cujos títulos seguem uma mesma estrutura de dedicatória, como "à andré breton". Em meio aos artistas a quem são remetidos, encontramos o próprio Mário Cesariny, evocado em dois, intitulados "à moi-même". Estes marcam um gesto que é a um tempo de autoendereçamento e de integração numa comunidade poética digna de homenagem, ainda que excessiva. Por figurarem no espaço que Compagnon chamou de "perigráfico",[55] isto é, um lugar intermédio entre o fora e o dentro do texto, os títulos dos poemas parecem sugerir certo grau de "extraliterariedade", provocando a sensação de que, no título, é o poeta mesmo quem fala.

Percebe-se, então, uma característica que apontamos já no início de nossas considerações: a impossibilidade de pensarmos vida e obra como campos separados e a necessidade de sublinharmos a relação dinâmica que estabelecem entre si no universo de Cesariny. A expressão "a mim mesmo" implica uma coincidência entre o autor responsável pela escrita do poema, o sujeito que nele se expressa e o destinatário a quem se dirige. Em outros

---

[55] Antoine Compagnon, *O trabalho da citação*, tradução de Cleonice P. B. Mourão, Belo Horizonte, Editora UFMG, 1996.

poemas, será o uso do nome próprio a funcionar como traço de identificação entre um "eu lírico" e o poeta. Nos momentos em que percebemos essa coincidência nominal, porém, notamos como é sugerida pela referência a um homônimo, como Mário de Sá-Carneiro, ou aparece partida pelos versos, é identificada por uma única letra ou no interior de outra palavra, como o "ar*mário*", e mesmo no "*mar*", ou, então, é recusada como coisa que lhe foi imposta:

Como assim Mário como assim Cesariny como assim ó
[meu deus de Vasconcelos?

Livros de Mário Cesariny

Corpo visível. Lisboa: edição do autor, 1950.

Discurso sobre a reabilitação do real quotidiano. Lisboa: Contraponto, s.d. [1952].

Louvor e simplificação de Álvaro de Campos. Lisboa: Contraponto, 1953.

Manual de prestidigitação. Lisboa: Contraponto, 1956.

Pena capital. Lisboa: Contraponto, s.d. [1957].

Alguns mitos maiores alguns mitos menores propostos à circulação pelo autor. Lisboa: edição do autor, 1958.

Nobilíssima visão. Lisboa: Guimarães Editores, 1959.

Planisfério e outros poemas. Lisboa: Guimarães Editores, 1961.

Poesia (1944-1955), retrato do autor por João Rodrigues. Lisboa: Delfos, s.d. [1961].

Um auto para Jerusalém. Lisboa: Minotauro, 1964.

A cidade queimada, ilustrações de Cruzeiro Seixas. Lisboa: Ulisseia, s.d. [1965].

19 projectos de prémio Aldonso Ortigão seguidos de Poemas de Londres. Lisboa: Livraria Quadrante, s.d. [1971/1972].

Burlescas, teóricas e sentimentais (antologia de poemas). Lisboa: Editorial Presença, 1972.

As mãos na água a cabeça no mar. Lisboa: edição do autor, 1972.

Titânia e A cidade queimada. Lisboa: Publicações Dom Quixote, 1977.

Primavera autónoma das estradas. Lisboa: Assírio & Alvim, 1980.

Sombra de Almagre. Lisboa: edição de Isaac Holly, 1983.

Vieira da Silva / Arpad Szenes ou o Castelo Surrealista. Lisboa: Assírio & Alvim, 1984.

O Virgem Negra: Fernando Pessoa explicado às criancinhas naturais e estrangeiras por M. C. V. Who Knows Enough About It seguido de Louvor e Desratização de Álvaro de Campos pelo mesmo no mesmo lugar. Com 2 Cartas de Raul Leal (Henoch) ao Heterónimo; e a Gravura da Universidade. Escrito & Compilado de Jun. 1987 a Set. 1988. Lisboa, Assírio & Alvim, 1989.

Titânia: história hermética em três religiões e um só deus verdadeiro com vistas a mais luz como Goethe queria. Lisboa: Assírio & Alvim, 1994.

Uma combinação perfeita. Lisboa: Edições Prates, 1996.

António António. Região Autónoma dos Açores: Secretaria Regional da Educação e Cultura/Direcção Regional dos Assuntos Culturais, 1996.

Tem dor e tem puta. Póvoa de Varzim: Edição de Ernesto Martins, 2000.

Drama. Apresentação de Bernardo Pinto de Almeida, coord. José da Cruz Santos, dir. gráfica Armando Alves. Porto: Sétima Face Edições, 2004.

Timothy McVeigh — O condenado à morte. Lisboa: Galeria Perve, 2006.

Uma grande razão. Os poemas maiores. Lisboa: Assírio & Alvim, 2007. [Antologia]

Poemas de Mário Cesariny escolhidos e ditos por Mário Cesariny. Lisboa: Assírio & Alvim, 2007.

Fora d'Horas. Lisboa: Assírio & Alvim, 2009.

Le temps des pionniers — desenho, inversões, pintura e colagem sobre fotografias. Lisboa: Documenta; Vila Nova de Famalicão: Fundação Cupertino de Miranda, 2013.

Alguns livros organizados por Mário Cesariny

Antologia surrealista do cadáver esquisito. Lisboa: Guimarães Editores, 1961.

Surreal/Abjeccion-ismo. Lisboa: Minotauro, 1963.

A intervenção surrealista. Lisboa: Lisboa, Ulisseia, 1966.

Textos de afirmação e de combate do movimento surrealista mundial. Lisboa: Perspectivas e Realidades, 1977.

Três poetas do surrealismo — Exposição ícono-bibliográfica. António Maria Lisboa, Pedro Oom, Mário Henrique Leiria. Organização de Mário Cesariny. Lisboa: Biblioteca Nacional, 1981.

Horta de literatura de cordel. Lisboa: Assírio & Alvim, 1983.

Algumas traduções por Mário Cesariny

Uma época no inferno. Jean-Arthur Rimbaud. Lisboa: Portugália Editora, 1960.

Iluminações / Uma cerveja no inferno. Jean-Arthur Rimbaud. Lisboa: Estúdios Cor, 1972.

Os poemas de Luis Buñuel. Luis Buñuel. Ed. José Francisco Aranda. Lisboa: Arcádia, 1974.

Enquanto houver água na água e outros poemas. Breyten Breytenbach. Pref. Laurens Vancrevel, estudo de Adriaan Van Dis. Lisboa: Publicações Dom Quixote, 1979.

Heliogabalo ou o anarquista coroado. Antonin Artaud. Lisboa: Assírio & Alvim, 1982.

"Fragmentos": Novalis. Lisboa: Assírio & Alvim, 1987.

Hamlet — Tragédia cómica. Luis Buñuel. Lisboa: Assírio & Alvim, 2000.

Alguma correspondência publicada

Jornal do gato — contribuição ao saneamento do livro Pacheco versus Cesariny edição pirata da editorial estampa coleção direcções velhíssimas. Cartas de Luiz Pacheco, Mário Cesariny e outros. Lisboa: edição do autor, 1974.

Gatos comunicantes — correspondências entre Maria Helena Vieira da Silva e Mário Cesariny (1952 — 1985). Apresentação José Manuel dos Santos, edição e textos de Sandra Santos e António Soares. Lisboa: Documenta; Fundação Arpad Szenes — Vieira da Silva, 2008.

Cartas de Mário Cesariny para Cruzeiro Seixas (1941 – 1975). Edição de Perfecto E. Cuadrado, António Gonçalves e Cristina Guerra. Lisboa: Documenta; Vila Nova de Famalicão: Fundação Cupertino de Miranda, 2014.

Um rio à beira do rio — Cartas para Frida e Laurens Vancrevel. Edição de Maria Etelvina Santos e Perfecto E. Cuadrado. Posfácio de Laurens Vancrevel. Lisboa: Documenta; Vila Nova de Famalicão: Fundação Cupertino de Miranda, 2017.

Sinal respiratório — Cartas para Sergio Lima. Edição e posfácio Perfecto E. Cuadrado. Apresentação Sergio Lima. Lisboa: Documenta; Vila Nova de Famalicão: Fundação Cupertino de Miranda, 2019.